L'HABITATION MODERNE

Société d'Épargne, de Prévoyance et d'Habitations à bon marché des personnels de la Ville de Paris, du Département de la Seine et des Communes suburbaines.

PRÉFECTURE DE LA SEINE, PRÉFECTURE DE POLICE, ASSISTANCE PUBLIQUE, OCTROI, MONT-DE-PIÉTÉ, ENSEIGNEMENT, MAIRIES, VOIRIE, POMPES FUNÈBRES, HALLES ET MARCHÉS, SERVICES DIVERS MUNICIPAUX (gaz, électricité, métropolitain, eaux, omnibus, tramways, etc.)

— ✦ —

SOCIÉTÉ ANONYME COOPÉRATIVE A CAPITAL VARIABLE
1.200.000 francs au 31 décembre 1911.

Approuvée par arrêté ministériel du 16 juin 1905.
Subventionnée par le Conseil Municipal de Paris et par le Conseil Général de la Seine.

— ✦ —

SIÈGE SOCIAL : 254, rue de la Croix-Nivert, à PARIS

— ✦ —

I. — Compte rendu de l'Assemblée ordinaire et extraordinaire du 31 mars 1912.

II. — Liste des Sociétaires.

— ✦ —

PARIS

IMPRIMERIE ET LIBRAIRIE CENTRALES DES CHEMINS DE FER

IMPRIMERIE CHAIX

SOCIÉTÉ ANONYME AU CAPITAL DE TROIS MILLIONS

Rue Bergère, 20

1912

CONSEIL D'ADMINISTRATION

Avenet, adjoint technique principal des Travaux de Paris (3e section).
Belœil, surveillant de jardinage au Service des Promenades et Plantations.
Boutin Léonce, sous-chef de bureau à la Préfecture de la Seine (8e mairie), *vice-président*.
Chalin, employé au Mont-de-Piété.
Durdan, rédacteur à l'Union des Secteurs.
Florance, ingénieur de la 3e Section des Travaux de Paris.
Frédéric, agent-voyer de la ville de Pantin.
Gerards, conducteur principal municipal, sous-inspecteur des Carrières.
Greslat, commis à l'Octroi de Paris.
Lambert, sous-brigadier à l'Octroi de Paris.
Moullérat, commis à la Compagnie générale des Eaux.
Pérotin, employé au Mont-de-Piété.
Page, typographe à l'Imprimerie Municipale.
Piolé, commis principal à la Préfecture de la Seine (Affaires départementales), *secrétaire*.
Rondon, commis principal à la Préfecture de la Seine (Secrétariat du Conseil général).
Tarrin Auguste, chef de bureau à la Préfecture de la Seine (Présidence du Conseil général) *président*.

MM.

Série renouvelable en 1913.	**Belœil, Frédério, Piolé, Rondon.**
— en 1914.	**Avenet, Boutin, Chalin, Greslat.**
— en 1915.	**Florance, Durdan, Gerards, Lambert.**
— en 1916.	**Moullérat, Page, Pérotin, Tarrin.**

ADMINISTRATEURS SUPPLÉANTS

Kuntz Émile, sous-brigadier à l'Octroi de Paris.
Navlet, adjoint technique principal des Travaux de Paris.

COMMISSION DE SURVEILLANCE

Demaret, adjoint technique des Travaux de la Ville de Paris (usine de Colombes).
Boche, sous-caissier comptable à la Préfecture de la Seine (4e Mairie).

DIRECTION

Auguste Tarrin, président du Conseil d'administration.

L'HABITATION MODERNE

ASSEMBLÉE GÉNÉRALE ORDINAIRE ET EXTRAORDINAIRE

du Dimanche 31 mars 1912

L'an mil neuf cent douze, le trente et un mars, les actionnaires de la Société l'*Habitation Moderne* se sont réunis en Assemblée générale ordinaire et extraordinaire, au Palais d'Orléans, 200, avenue du Maine, sur convocation du Conseil d'administration, en date du 1er mars 1912.

La séance est ouverte à dix heures du matin, sous la présidence de M. Léonce Boutin, vice-président du Conseil d'administration.

MM. Dorveaux et Gattefossey sont désignés comme scrutateurs et M. Piolé comme secrétaire.

Le Président fait constater à l'Assemblée qu'il résulte de la feuille de présence (signée par les actionnaires lors de leur entrée en séance et certifiée par les membres du bureau) que 160 actionnaires possédant ensemble 8.537 actions sont présents ou représentés.

L'Assemblée réunissant ainsi plus de la moitié du capital social est déclarée régulièrement constituée.

M. le Président communique à l'Assemblée un exemplaire légalisé et enregistré du *Bulletin Municipal officiel de la Ville de Paris*, en date du 9 mars 1912, contenant l'avis de convocation.

Il rappelle que l'ordre du jour de l'Assemblée est ainsi conçu :

1° Rapport du Conseil d'Administration ;

2° Rapport des Commissaires de surveillance ;

3° Approbation des comptes ;

4° Vérification et approbation d'apports immobiliers ;

5° Fixation du dividende ;

6° Constatation de l'augmentation du capital social et de la sincérité des déclarations de souscriptions et des versements ;

7° Autorisation de porter le capital social à 1.400.000 francs ;

8° Autorisation d'emprunter à la Caisse des Dépôts et Consignations au fur et à mesure de l'augmentation du capital social ;

9° Résolutions diverses ;

10° Renouvellement du Conseil d'administration ;

11° Nomination de deux Commissaires de surveillance.

M. Piolé donne lecture du

Rapport du Conseil d'administration

MESDAMES, MESSIEURS,

Nous venons vous rendre compte de notre sixième exercice social et vous soumettre les comptes de la Société arrêtés au 31 décembre 1911.

Les résultats de l'exercice permettent, comme précédemment, de servir un dividende de 4 0/0 *(Applaudissements.)*

I. — Balance.

	DÉBIT	CRÉDIT	SOLDES DÉBITEURS	SOLDES CRÉDITEURS
Capital souscrit. . . . . Fr.	32.200 »	1.232.200 »	» »	1.200.000[1]) »
Capital souscrit et non versé. . .	913.609 »	53.286 »	(²)890.323 »	» »
Dépôts.	139.109 93	183.562 35	» »	44.452 42
Taxes d'entrée	80 »	915 »	» »	835 »
Dispo-⎰ Caisse	171.797 01	171.594 04	202 97	» »
Caisse d'Épargne . . .	582 99	500 »	82 99	» »
nibilités⎱ Crédit Foncier	18.534 94	14.253 61	4.281 33	» »
Obligations négociables	46.500 »	» »	46.500 »	» »
Valeurs mobilières	4.899 35	» »	4.899 35	» »
Terrains à Paris	16.970 55	» »	16.970 55	» »
Immeubles loués.	840.300 »	» »	840.300 »	» »
Immeubles en cours de construction.	150.456 88	126.434 33	24.022 55	» »
Jardins	51.276 85	» »	51.276 85	» »
Immeubles attribués		Mémoire (³)		
Emprunt de 1905 (Caisse d'Épargne 20.000 francs)	800 »	15.800 »	» »	15.000 »
Emprunts à la Caisse des Dépôts et Consignations (645.500 francs)	21.500 »	603.500 »	» »	582.000 »
Frais généraux.	2.724 75	1.509 60	1.215 15	» »
Mobilier et Matériel	2 718 25	7 »	2.711 25	» »
Débiteurs divers	5.393 55	2.460 80	2.932 75	» »
Créanciers divers	44.181 96	71.611 41	» »	27.429 45
Fonds de propagande.	451 25	283 93	167 32	» »
Subventions	» »	1.250 »	» »	1.250 »
Loyers, Intérêts, Bonifications et Amendes.	28.306 25	40.565 74	» »	12.259 49
Concours et Expositions.	277 70	» »	277 70	» »
Frais d'emprunts.	5.569 »	506 45	5.062 55	» »
Réserve légale	» »	2.182 15	» »	2.182 15
Réserve extraordinaire	» »	5.817 80	» »	5.817 80
TOTAL. . . . Fr.	2.528.240 21	2.528.240 21	1.891.226 31	1.891.226 31

(1) Capital souscrit par les actionnaires locataires . . . . Fr. 840.300 ⎰
Capital souscrit par les actionnaires simples . . . . 359.700 ⎱ 1.200.000
(2) Capital versé par les actionnaires locataires. . . . . 185.710 ⎰
Capital versé par les actionnaires simples. . . . . 123.967 ⎱ 309.677
(3) Un immeuble de 8.000 francs; treize terrains de 24.330 francs.

II. — Bilan.

ACTIF		PASSIF	
Disponibilités. . . . Fr.	51.067 29	Capital social . . . . Fr.	1.200.000 »
Capital souscrit et non versé	890.323 »	Dépôts.	44.452 42
Mobilier et matériel . . .	2.711 25	Créanciers divers	27.429 45
Immeubles loués	840.300 »	Emprunt de 1905 (Caisse d'Épargne)	15.000 »
Terrain à Paris	16.970 55		
Immeubles en construction	24.022 55	Emprunts à la Caisse des Dépôts et Consignations)	582.000 »
Jardins ouvriers.	51.276 85		
Débiteurs divers.	2.932 75	Réserve légale	2.182 15
Valeurs mobilières . . .	4.899 35	Réserve extraordinaire .	5.817 80
Frais d'emprunts	5.062 55	Profits et Pertes.	12.684 32
Fr.	1.889.566 14	Fr.	1.889.566 14

III. — Compte de Profits et Pertes.

DÉBIT

Amortissement « Fonds de propagande » . . . . Fr.	167 32
Amortissement « Concours et Expositions »	277 70
Amortissement « Frais généraux »	1.215 15
Amortissement « Frais d'emprunts »	362 55
Amortissement « Mobilier et Matériel »	311 25
Solde à répartir	13.885 52
Fr.	16.219 49

CRÉDIT

Taxes d'entrée . . . . . Fr.	835 »
Subventions	1.250 »
Loyers, intérêts, bonifications et amendes	12.259 49
Prélèvement sur la réserve extraordinaire en vue de ramener le montant des réserves à 6.750 fr. somme égale au total des subventions accordées à la Société depuis sa fondation . . .	1.875 »
Fr.	16.219 49

IV. — Répartition proposée.

Réserve légale . . . . Fr.	625 05
Dividende 4 0/0	12.281 08
Allocation pour participation de la Société dans le paiement des primes d'assurances en cas de décès (3 0/0 des primes)	220 16
Solde à reporter	759 23
TOTAL . . . . . Fr.	13.885 52

V. — Réserves de la Société au 31 décembre 1911.

Réserve légale . . . . Fr.	2.807 25
Réserve extraordinaire	3.942 75
TOTAL . . . . Fr.	6.750 »

lesquels, en cas de liquidation, reviendraient au *Comité de patronage des Habitations à bon marché et de la Prévoyance sociale du département de la Seine*, en vertu de l'article 69 des statuts.

Voici quelques détails sur le bilan, au 31 décembre 1910.

Immeubles loués.

Les soixante-quatorze immeubles ci-dessous désignés, ont une valeur de 840.300 francs.

Le 1er sis à Colombes, avenue du Drapeau, d'une contenance de 151m,18 (*6 fr. 50 c. le mètre*), d'un prix de revient total de **7.000 francs**, est loué **227 fr. 50 c.** à un aide de l'usine de Colombes ;

Le 2e, sis à Argenteuil, chemin du Perreux, d'une contenance de 125 mètres (*4 francs le mètre*), d'un prix de revient total de **7.000 francs**, est loué **227 fr. 50 c.** à un chauffeur de l'usine de Colombes ;

Le 3e, sis à Vitry (Parc), rue des Violettes, 3, d'une contenance de 239m,46 (*5 francs le mètre*), d'un prix de revient total de **9.800 francs**, est loué **318 fr. 50 c.** à une ouvrière du Magasin Central des hôpitaux ;

Le 4e, sis à Vitry (Parc), rue des Violettes, 5, d'une contenance de 239m,46 (*4 francs le mètre*); d'un prix de revient total de **6.700 francs**, est loué **217 fr. 75 c.** à un employé du Magasin Central des hôpitaux ;

Le 5e, sis à Choisy-le-Roi, 59, villa Églantine, avenue de Villeneuve-le-Roi, d'une contenance de 91m,19 (*5 francs le mètre*), d'un prix de revient total de **7.700 francs**, est loué **250 fr. 25 c.** à un typographe de l'Imprimerie Municipale ;

Cette maison construite par MM. Turin frères, a obtenu le 2e prix au Concours organisé, en 1908, par le Comité des habitations à bon marché et de la prévoyance sociale du département de la Seine.

Le 6e, sis à Neuilly-Plaisance, 10, rue Léonie-Blanche, d'une contenance de 300 mètres (*6 fr. 65 c. le mètre*), d'un prix de revient total de **9.200 francs**, est loué **299 francs** à un cantonnier des Travaux sanitaires ;

Le 7e, sis à Draveil, avenue Libert (domaine de Gibraltar), d'une contenance de 561m,30 (*6 francs le mètre*), d'un prix de revient total de **12.500 francs**, est loué **406 fr. 25 c.** à un adjoint technique des Travaux de Paris.

Le 8e, sis à Bagneux, 112, route d'Orléans (villa des Fleurs), d'une contenance de 396m,83 (*5 francs le mètre*), d'un prix de revient total de **9.700 francs**, est loué **315 fr. 25 c.** à un jardinier des Promenades et Plantations.

Cette maison, construite par MM. Turin frères a obtenu le 1er prix *ex œquo* au Concours de 1908.

Le 9e, sis à Choisy-le-Roi, 73, avenue de Villeneuve-Saint-Georges (allée Pichon), d'une contenance de 503m,50 (*4 francs le mètre*), d'un prix de revient total de **11.600 fr.** est loué **377 francs** à un éclusier du canal Saint-Martin ;

Le 10e, sis à Choisy-le-Roi, 73, avenue de Villeneuve-Saint-Georges (allée Pichon), n° 13 d'une contenance de 503m,45 (*4 francs le mètre*), d'un prix de revient total de **12.000 fr.** est loué **390 francs** à un contremaître électricien de la Société de l'air comprimé ;

Le 11°, sis à Champigny, 24, avenue Destouches, d'une contenance de 433 mètres (6 fr. 50 c. le mètre), d'un prix de revient total de 8.000 francs, est loué 260 francs, à un plombier du Mont-de-Piété ;

Le 12°, sis à Villeneuve-le-Roi, rue de Choisy-le-Roi, 37 bis (parc de la Faisanderie), d'une contenance de 304",56 (5 francs le mètre), d'un prix de revient total de 9.000 fr., est loué 292 fr. 50 c. à un cocher des Ambulances municipales ;

Le 13°, sis au Petit-Colombes, 200, rue Colbert, d'une contenance de 455 mètres (18 francs le mètre avec puits et construction partielle), d'un prix de revient total de 10.000 francs, est loué 325 francs à un aide de l'usine de Colombes ;

Le 14°, sis à Fontenay-sous-Bois, sentier du Rucoin, d'une contenance de 270 mètres (3 fr. 50 c. le mètre), d'un prix de revient total de 8.400 francs, est loué 273 francs à un employé du Mont-de-Piété ;

Le 15°, sis à Bagneux, 96, route d'Orléans (villa Gabrielle, chemin des Blains) d'une contenance de 282 mètres (3 fr. 50 c. le mètre), d'un prix de revient total de 14.200 francs, est loué 461 fr. 50 c. à un expéditionnaire de la Préfecture de la Seine ;

Le 16°, sis à Montmorency, rue du Lieutenant-Meynier, d'une contenance de 409 mètres (3 fr. 50 c. le mètre), d'un prix de revient total de 7.000 francs, est loué 227 fr. 50 c. à un expéditionnaire de la Préfecture de la Sein e ;

Le 17°, sis à Paris, 33, rue Cacheux, d'une contenance de 152",81 (terrain et construction achetés par la Société et ayant donné lieu à 3.000 francs de travaux d'assainissement et de réparations), d'un prix de revient total de 9.600 francs, est loué 312 francs à un surveillant-chef du magasin central des Hôpitaux ;

Le 18°, sis à Joinville-le-Pont, avenue des Lilas n° 31 bis, (domaine de Polangis), d'une contenance de 274 mètres (8 francs le mètre), d'un prix de revient total de 9.700 francs, est loué 385 fr. 25 c. à un gazier de la Compagnie du gaz de Paris.

Le 19°, sis à Morsang-sur-Orge, au parc Beauséjour, avenue de Viry, d'une contenance de 1.030 mètres (2 francs le mètre), d'un prix de revient total de 11.600 francs, est loué 377 francs à un surveillant à l'hôpital de la Charité ;

Le 20°, sis à Choisy-le-Roi, 73, avenue de Villeneuve-Saint-Georges (allée Pichon), d'une contenance de 405 mètres (4 francs le mètre), d'un prix de revient total de 8.200 francs, est loué 266 fr. 50 c. à un électricien de l'usine des Halles ;

Le 21°, sis à Choisy-le-Roi, 73, avenue de Villeneuve-Saint-Georges (allée Pichon), d'une contenance de 405 mètres (4 francs le mètre), d'un prix de revient total de 11.800 francs, est loué 383 fr. 50 c. à un professeur de gymnastique de la ville de Paris ;

Le 22°, sis à Choisy-le-Roi, rue Durand, d'une contenance de 160 mètres (3 francs le mètre), d'un prix de revient total de 9.000 francs, est loué 292 fr. 25 c., à un employé du Mont-de-Piété ;

Le 23°, sis à Triel, chemin des Groues, d'une contenance de 169 mètres (5 francs le mètre), d'un prix de revient total de 11.000 francs, est loué 357 fr. 50 c. à un conducteur municipal principal ;

Le 24°, sis aux Lilas, 19, rue des Villegranges, d'un prix de revient total de 11.200 francs, est loué 364 francs à un électricien de l'usine des Halles ;

Le 25°, sis à Choisy-le-Roi, 73, avenue de Villeneuve-Saint-Georges (allée Pichon), d'une contenance de 320 mètres (5 francs le mètre), d'un prix de revient total de 10.600 francs, est loué 344 fr. 50 c., à un vérificateur de compteurs d'eau.

Le 26e, sis à Vaucresson, allée de Saint-Cucufa, n° 34 bis, d'une contenance de 247 mètres (6 fr. 25 c. le mètre), d'un prix de revient total de 13.900 francs, est loué 451 fr. 75 c. à un commis principal de l'Assistance publique :

Le 27e, sis à Arcueil-Cachan, 8, avenue de Paris, d'une contenance de 222m,42 (10 francs le mètre), d'un prix de revient total de 14.000 francs, est loué 455 francs à un expéditionnaire de la Préfecture de la Seine ;

Le 28e, sis à Neuilly-Plaisance, rue Chanzy, n° 4 bis, d'une contenance de 282 mètres (7 fr. 50 c. le mètre), d'un prix de revient total de 11.400 francs, est loué 370 fr. 50 c. à un gazier du Service municipal de l'Éclairage ;

Le 29e, sis à Herblay, rue Sainte-Honorine, d'une contenance de 619 mètres (4 francs le mètre), d'un prix total de 9.200 francs, est loué 302 francs à un piéton du Service de l'Assainissement ;

Le 30e, sis à Sèvres, 43, rue de Brancas, d'une contenance de 150 mètres (10 fr. 40 c. le mètre), d'un prix de revient total de 13.500 francs, est loué 438 fr. 75 c. à un expéditionnaire de la Préfecture de la Seine ;

Le 31e, sis à Villeneuve-le-Roi, rue de la Gare, n° 23, d'une contenance de 200 mètres (6 francs le mètre), d'un prix de revient total de 9.400 francs, est loué 305 fr. 50 c. à un facteur de la Préfecture de la Seine ;

Le 32e, sis à Colombes, 47, rue des Cerisiers, d'une contenance de 160 mètres (18 francs le mètre), d'un prix de revient total de 15.000 francs, est loué 487 fr. 50 c. à un adjoint technique des Travaux de Paris ;

Cette maison, construite par M. Defresne, a obtenu le 1er prix *ex æquo* au Concours de 1908.

Le 33e, sis à Juvisy, rue Fromenteau,, d'une contenance de 200 mètres (4 francs le mètre), d'un prix de revient total de 8.500 francs, est loué 276 fr. 25 c. à un adjoint technique des Travaux de Paris ;

Le 34e, sis à Drancy, route des Petits-Ponts, d'une contenance de 351 mètres (5 francs le mètre), d'un prix de revient total de 11.000 francs, est loué 357 fr. 50 c. à un commis technique du service du Département ;

Le 35e, sis à Choisy-le-Roi, rue Berlioz, d'une contenance de 200 mètres (6 francs le mètre), d'un prix de revient total de 8.000 francs, est loué 260 francs à un employé du Mont-de-Piété ;

Cette maison, construite par MM. Turin frères, a obtenu le 3e prix au Concours de 1908.

Le 36e, sis à Villeneuve-le-Roi, 37, rue de Choisy-le-Roi (parc de la Faisanderie), d'une contenance de 378 mètres (4 fr. 50 c. le mètre), d'une prix de revient total de 7.800 francs, est loué 253 fr. 50 c. à un chauffeur du service des Eaux ;

Le 37e, sis à Charentonneau, rue de Brest, d'une contenance de 358 mètres (6 fr. 40 c. le mètre), d'un prix de revient total de 12.700 francs, est loué 412 fr. 75 c. à un piéton du service du Métropolitain ;

Cette maison, construite par M. Longuet, a obtenu le 5e prix au Concours de 1908.

Le 38°, sis à Gentilly, 6, rue Lafouge, d'une contenance de 204 mètres (*17 francs le mètre*), d'un prix de revient total de **14.300 francs**, est loué **464 fr. 75 c.** à un cimentier du service des Promenades et Plantations ;

Le 39°, sis à Choisy-le-Roi, rue Berlioz, d'une contenance de 200 mètres (*6 francs le mètre*), d'un prix de revient total de **9.700 francs**, est loué **315 fr. 25 c.** à un employé du Mont-de-Piété ;

Cette maison, construite par MM. Turin frères, a obtenu le 4ᵉ prix au Concours de 1908.

Le 40°, sis à Pomponne (Seine-et-Marne), avenue des Champs-Élysées d'une contenance de 1.340 mètres (*3 francs le mètre*), d'un prix de revient total de **11.500 francs**, est loué **373 fr. 75 c.** à un employé de l'Octroi de Paris ;

Le 41°, sis à Joinville-le-Pont (domaine de Polangis), avenue de Lilas, n° 31, d'une contenance de 315 mètres (*8 francs le mètre*), d'un prix de revient total de **12.700 francs**, est loué **412 fr. 75 c.** à un employé de l'Octroi de Paris.

Cette maison, construite par M. Longuet, a obtenu le 6ᵉ prix au concours de 1908.

Le 42°, sis au Kremlin-Bicêtre, rue de l'Hay, n° 53, d'une contenance de 200 mètres (*7 francs le mètre, non compris les frais de consolidation du sol*), d'un prix de revient de **14.800 francs**, est loué **481 francs** à un chef d'atelier de l'hospice de Bicêtre ;

Le 43°, sis au Kremlin-Bicêtre, rue de l'Annexion, n° 50, d'une contenance de 200 mètres (*7 francs le mètre, non compris les frais de consolidation du sol*), d'un prix de revient total de **11.000 francs**, est loué **357 fr. 50 c.** à un chef d'atelier de l'hospice de Bicêtre ;

Le 44°, sis au Kremlin-Bicêtre, rue de l'Annexion, n° 52, d'une contenance de 200 mètres (*7 francs le mètre, non compris les frais de consolidation du sol*), d'un prix de revient total de **11.000 francs**, est loué **357 fr. 50 c.** à un chef d'atelier de l'hospice de Bicêtre ;

Le 45°, sis à Nanterre, rue du Vieux-Pont, 18, d'une contenance de 245 mètres (*5 francs le mètre*), d'un prix de revient total de **14.500 francs**, est loué **471 fr. 25 c.** à une employée sténo-dactylographe de l'Assistance publique ;

Le 46°, sis à Saint-Maurice, rue Decorse, n° 24, d'une contenance de 180 mètres (*25 francs le mètre*), d'un prix de revient total de **17.000 francs**, est loué **552 fr. 50 c.** à un adjoint technique des Travaux de la ville de Paris ;

Le 47°, sis à Choisy-le-Roi, rue Louise-Michel, n° 11, d'une contenance de 287ᵐ,40 (*5 francs le mètre*), d'un prix de revient total de **9.000 francs**, est loué **292 fr. 50 c.** à un employé du Mont-de-Piété ;

Le 48°, sis à Vitry-sur-Seine, rue de Joigny, d'une contenance de 192 mètres (*6 francs le mètre*), d'un prix de revient total de **15.300 francs**, est loué **497 fr. 25 c.** à un employé du Mont-de-Piété ;

Pour la construction de cette maison (MM. Turin, architectes), une Médaille de bronze a été accordée, à la Société, en 1909, par le Comité départemental de la Seine.

Le 49°, sis à Suresnes, sente des Nouvelles, d'une contenance de 209ᵐ,30; (*4 francs le mètre*), d'un prix de revient total de **8.000 francs**, est loué **260 francs** à un sous-brigadier de l'octroi de Paris ;

Le 50°, sis à Gagny (Seine-et-Oise), chemin de Maison-Gayot, d'une contenance de 973 mètres (2 fr. 25 c. le mètre), d'un prix de revient total de **13.300 francs**, est loué **432 fr. 25 c.** à un imprimeur du Service du Matériel de la Préfecture de la Seine ;

Le 51°, sis à Ablon (Seine-et-Oise), rue des Noyers, d'une contenance de 150 mètres (5 francs le mètre), d'un prix de revient total de **14.300 francs**, est loué **464 fr. 75 c.** à un rédacteur principal de la Préfecture de la Seine ;

Le 52°, sis à Draveil (Seine-et-Oise), domaine de Gibraltar, villa des Marronniers, avenue Libert, d'une contenance de 475 mètres (5 fr. 50 c. le mètre), d'un prix de revient total de **14.800 francs**, est loué **481 francs** à un expéditionnaire de la Préfecture de la Seine ;

Le 53°, sis au Kremlin-Bicêtre, rue du Fort, d'une contenance de 854 mètres (3 francs le mètre), d'une valeur de **11.000 francs**, est loué **357 fr. 50 c.** à un magasinier de l'hospice de Bicêtre ;

Le 54°, sis à Champigny, avenue de la Fourchette, n° 13, d'une contenance de 150 mètres (6 francs le mètre), d'une valeur de **14.200 francs**, est loué **461 fr. 50 c.** à un employé du Mont-de-Piété ;

Le 55°, sis à Colombes, 28, rue Rouget-de-l'Isle, d'une contenance de 221^m,70 (12 francs le mètre), d'une valeur de **13.000 francs**, est loué **422 fr. 50 c.** à un adjoint technique des Travaux de Paris ;

Le 56°, sis à Villejuif, rue de Thiais, d'une contenance de 166^m,69 (4 francs le mètre), d'une valeur de **12.000 francs**, est loué **390 francs** à un expéditionnaire de la Préfecture de la Seine ;

Le 57°, sis à Franconville, avenue Delacoux, d'une contenance de 431^m,70 (3 francs le mètre), d'une valeur de **9.000 francs**, est loué **292 fr. 50 c.** à un employé du Mont-de-Piété ;

Le 58°, sis à Herblay, rue Jean-Leclaire, d'une contenance de 301 mètres (5 francs le mètre), d'une valeur de **14.000 francs** est loué **455 francs** à un conducteur municipal ;

Le 59°, sis à Villejuif, rue de Thiais, d'une contenance de 166^m,63 (4 francs le mètre), d'une valeur de **9.200 francs**, est loué **299 francs** à un fort aux Halles centrales :

Le 60°, sis à Argenteuil, rue Ambroise-Thomas prolongée, d'une contenance de 315 mètres (3 francs le mètre), d'une valeur de **8.000 francs**, est loué **260 francs** à un chef cantonnier de l'usine de Colombes ;

Le 61°, sis à la Varenne-Saint-Hilaire, 10, avenue Marignan, d'une contenance de 402^m,50, (4 fr. 50 c. le mètre), d'une valeur de **14.700 francs**, est loué **477 fr. 75 c.** à un commis principal de l'Octroi ;

Le 62°, sis à Drancy, route des Petits-Ponts, d'une contenance de 191 mètres (5 francs le mètre), d'une valeur de **14.000 francs**, est loué **455 francs** à un adjoint technique des Travaux de Paris ;

Le 63°, sis au Petit-Colombes, 30, rue Colbert, d'une contenance de 205 mètres (10 francs le mètre), d'une valeur de **12.500 francs**, est loué **406 fr. 25 c.** à un employé de la Préfecture de police ;

Le 64°, sis au Guichet (Orsay), chemin de Chevreuse à Palaiseau, d'une contenance de 1.187 mètres (2 francs le mètre), d'une valeur de **12.000 francs**, est loué **390 francs** à un rédacteur de la Préfecture de la Seine ;

Le 65°, sis à Enghien, rue Alphonse-Haussaire, d'une contenance de 205^m,33 (18 francs le mètre), d'une valeur de **15.000 francs**, est loué **487 fr. 50 c.** à un commis-principal de la Préfecture de la Seine ;

Le 66e, sis à Bondy, 7, allée Andréa, route du Raincy à Bondy, d'une contenance de 300 mètres *(4 francs le mètre)*, d'une valeur de 8.500 francs, est loué 276 fr. 25 c. à un employé du service des Perceptions municipales;

Le 67e, sis à Brévannes, 42, route de Sucy-Valenton, d'une contenance de 2.600 mètres *(2 francs le mètre)*, d'une valeur de 15.000 francs, est loué 487 fr. 50 c. à un employé du service des Perceptions municipales;

Le 68e, sis à Billancourt, 78, rue du Dôme, d'une contenance de 127m,63 *(30 francs le mètre)*, d'une valeur de 15.000 francs, est loué 487 fr. 50 c. à un sous-brigadier de l'Octroi de Paris;

Pour la construction de cette maison, le Comité départemental de la Seine a accordé, en 1910, une médaille d'argent à notre Société et une médaille de bronze à l'architecte, M. Maurice Turin.

Le 69e, sis à Herblay, rue Sainte-Honorine, d'une contenance de 391 mètres *(5 fr. 50 c. le mètre)*, d'une valeur de 13.500 francs, est loué 438 fr. 75 c. à un ouvrier du service des Eaux et de l'Assainissement;

Le 70-71e, sis à Suresnes, chemin des Bons-Raisins, d'une contenance totale de 590 mètres *(5 francs le mètre)*, est louée en deux parties, à un sous-brigadier de l'Octroi de Paris et à son gendre, chacune des parties, d'une valeur de 9.500 francs est louée 308 fr. 75 c.

Le 72e, sis à Choisy-le-Roi, rue des Frères-Reclus, n° 7, d'une contenance de 150 mètres *(4 francs le mètre)*, d'une valeur de 12.000 francs, est loué 390 francs à un typographe de l'Imprimerie Municipale;

Le 73e, sis à Clamart, 152, avenue Marguerite-Renaudin, d'une contenance de 433 mètres *(9 francs le mètre)*, d'une valeur de 15.300 francs, est loué 497 fr. 25 c. à un boucher de l'Assistance publique;

Le 74e, sis à Saint-Michel-sur-Orge, 27, route de Sainte-Geneviève, d'une contenance de 538 mètres *(9 fr. 25 c. le mètre)*, d'une valeur de 15.300 francs est loué 497 fr. 25 c. à un commis-principal de la Préfecture de la Seine.

Chacun des actionnaires-locataires participe aux frais d'administration de la Société, pour une part déterminée, laquelle est fixée à 2 0/0 du montant du loyer simple, c'est-à-dire à 0 fr. 065 0/0 de la valeur de la maison.

Les loyers sont payables par douzièmes, à terme échu.

Les actions possédées par ces soixante-quatorze actionnaires-locataires représentaient, au 31 décembre 1911, une valeur de 185.710 francs.

Immeubles attribués.

A titre de renseignement, nous vous rappelons qu'un 75e pavillon, sis à Clamart, d'une valeur de 8.000 francs, a été attribué à un sociétaire qui s'est libéré par anticipation.

Quatorze terrains, d'une valeur de 24.330 francs, ont été également attribués aux sociétaires pour qui ils avaient été acquis, ceux-ci ayant renoncé à leur projet de construction.

Ces opérations ne figurent plus dans notre comptabilité.

Assurances temporaires en cas de décès.

Nous avons contracté l'assurance de **7.318.000 francs de capitaux** ayant déjà donné lieu au paiement de **36.462 francs de primes** et devant occasionner éventuellement le paiement de **102.588 francs de primes complémentaires.**

Plusieurs propositions d'assurance ont été rejetées par la Caisse Nationale à la suite de l'examen médical des intéressés et, à cet égard, nous croyons utile d'attirer votre attention sur une disposition intéressante de nos statuts.

Par suite de ces rejets les capitaux employés à la réalisation des opérations demandées par ces sociétaires non assurés nous coûtent plus de 3,25 0/0.

En effet, d'une part, nous versons un dividende supérieur à 3,25 0/0 sur le premier dixième fourni par les intéressés et sur leurs versements ultérieurs, ainsi que sur les fonds sociaux affectés auxdites opérations et, d'autre part, la Caisse des Dépôts et Consignations ne nous accorde la bonification de 0,25 0/0, sur le taux de 3,25 0/0, que jusqu'à concurrence du montant des capitaux assurés.

Cependant, toutes nos locations aux sociétaires, assurés ou non, sont pratiquées au taux uniforme de 3,25 0/0.

C'est l'accomplissement, par la presque universalité des sociétaires, d'un acte de solidarité à l'égard de co-sociétaires qui se trouvent, au point de vue physique, dans un état relatif d'infériorité! *(Applaudissements.)*

Et nous signalons, avec le plus grand plaisir, que jusqu'à ce jour, nous n'avons eu à déplorer aucun décès de sociétaire-locataire.

Nous renouvelons notre demande tendant à une prompte revision des tarifs de la Caisse d'assurance en cas de décès, qui sont de beaucoup supérieurs à ceux des Compagnies.

Ne pourraient-ils être revisés? Ils sont calculés sur le taux de 3 0/0, depuis 1893, et ils ont été établis à l'aide de la table de Deparcieux, — qui date du dix-huitième siècle et qui donne une valeur beaucoup trop petite à la durée probable de la vie à chaque âge — avec un chargement de 6 0/0 (1). Ne pourrait-on les établir en rapport avec la mortalité vraie et diminuer le chargement, de façon à ne demander à l'assuré d'autre sacrifice que celui représenté exactement par le service rendu? (2) Les menus frais de l'examen médical ne pourraient-ils être supportés par la Caisse?

Elle n'a pas, comme les Compagnies particulières, des frais généraux variant de 12 à 18 0/0, des frais de commission et d'agence s'élevant à 10 0/0, des actions à rémunérer, des tantièmes à verser aux Administrateurs!

Maisons en cours de construction.

I. — *Les opérations suivantes étaient en cours d'exécution au 1er janvier 1912 :*

Un pavillon de 13.000 francs, à Gentilly, rue Auguste-Blanqui, destiné à un employé de la Préfecture de Police ;

Un pavillon de 13.500 francs, à Neuilly-sur-Marne, rue de l'Avenir, destiné à un employé de l'asile de Maison-Blanche ;

Un pavillon de 13.500 francs, à Montrouge, rue de Poitou destiné à un jardinier de la Ville de Paris ;

Un pavillon de 13.500 francs, à La Celle-Saint-Cloud, rue de Louveciennes, destiné à une institutrice de la Ville de Paris ;

Un pavillon de 15.000 francs au Kremlin-Bicêtre, villa Dumoigne, destiné à un ouvrier plombier de l'Assistance publique ;

---

(1) Le chargement est la proportion ajoutée à « la prime pure » pour tenir compte des frais généraux et des bénéfices de la Caisse nationale d'assurance en cas de décès, gérée par la Caisse des dépôts et consignations.

(2) Pour les mêmes opérations la Caisse générale d'épargne et de retraite n'applique qu'un chargement de 3 0/0, au lieu de 6 0/0.

Un pavillon de 13.500 francs, à Bourg-la-Reine, rue des Rosiers, destiné à un rédacteur de l'Assistance publique;

Les dépenses faites, en vue de l'édification de ces six maisons, s'élevaient, au 31 décembre 1911, à 24.022 fr. 55 c.

Jardins.

Dix-neuf autres terrains ont été acquis, au comptant, sur la demande des sociétaires, à Colombes (3), Villeneuve-le-Roi, Vélizy, Kremlin-Bicêtre, Vitry (2), Boulogne, Neuilly-sur-Marne, Issy-les-Moulineaux, Soisy, Sevran, Herblay, Noisy-le-Grand (2), Antony, Fontenay-aux-Roses et Deuil.

Ces terrains, dont jouissent dès à présent les intéressés, sous la forme de jardins, sont destinés à recevoir une maison à bon marché, dès que les ressources sociales permettront de faire face aux dépenses de construction.

Jardin d'Argenteuil. — Notre Société possède également à Argenteuil, rue Ambroise-Thomas, un terrain d'une contenance de 150 mètres, qui est à la disposition du sociétaire qui le désirera, pour le prix, très avantageux, de 489 fr. 40 c., valeur 1er janvier 1912.

Ces vingt jardins figurent à notre bilan pour 51.276 fr. 85 c.

Maisons collectives.

En ce qui concerne le terrain situé à Paris, avenue Émile-Zola, n° 130, d'une contenance de 118m,82, sa valeur figure dans notre bilan, au 31 décembre 1911, pour 16.970 fr. 85 c., auxquels viendront s'ajouter, pour complément de frais de viabilité à rembourser à la Ville de Paris: 1° Une somme de 1.530 francs à payer de suite; 2° Une somme de 1.370 francs à payer ultérieurement.

Nous avons décidé de faire procéder à l'établissement des plans d'exécution de cette maison et nous avons ouvert à cet effet un crédit de 1.000 francs à MM. Turin, frères, architectes, à valoir sur leurs honoraires.

Valeurs mobilières.

Les valeurs mobilières possédées par la Société au 31 décembre 1911 et déposées au Crédit Foncier de France sont les suivantes :

3 oblig. Ville de Paris	1871	{	N° 472.854
		{	N° 973.576
		{	N° 989.469
1 — —	1892		N° 71.963
1 — —	1894-1896		N° 318.774
		{	N° 170.955
4 — —	1898	{	N° 201.825
		{	N° 493.986
		{	N° 599.376
1 — —	1899		N° 269.809
1 — —	1904		N° 276.731
1 — —	1905		N° 36.954

Leur prix d'achat atteint 4.899 fr. 35 c.

Emprunts.

Au 31 décembre 1911, le montant de notre dette envers la Caisse des Dépôts et Consignations s'élevait à 582.000 francs, déduction faite des 63.500 francs remboursés en 1907, 1908, 1909, 1910 et 1911.

Mais 15.000 francs ont été remboursés depuis le 1er janvier 1912 sur les 24.000 francs qui devaient être payés; nous espérons rembourser très prochainement les 9.000 francs complémentaires.

Quant au solde, soit 558.000 francs, il est remboursable conformément aux indications du tableau ci-dessous:

DATES des AMORTISSEMENTS	OBLIGATIONS AMORTIES		DATES des AMORTISSEMENTS	OBLIGATIONS AMORTIES	
	NOMBRE	SOMME		NOMBRE	SOMME
		Francs.			Francs.
1er février 1913. . .	55	27.500	1er février 1925. . .	73	36.500
— 1914. . .	56	28.000	— 1926. . .	58	29.000
— 1915. . .	58	29.000	— 1927. . .	56	28.000
— 1916. . .	58	29.000	— 1928. . .	57	28.500
— 1917. . .	60	30.000	— 1929. . .	36	18.000
— 1918. . .	62	31.000	— 1930. . .	16	8.000
— 1919. . .	63	31.500	— 1931. . .	16	8.000
— 1920. . .	64	32.000	— 1932. . .	12	6.000
— 1921. . .	66	33.000	— 1933. . .	12	6.000
— 1922. . .	69	34.500	— 1934. . .	12	6.000
— 1923. . .	70	35.000	— 1935. . .	12	6.000
— 1924. . .	72	36.000	— 1936. . .	3	1.500

La somme restant due par nos sociétaires locataires au 31 décembre 1911, 654.590 francs était donc supérieure de 57.590 francs à la somme de 597.000 francs due à la même époque à la Caisse d'épargne de Paris (15.000 francs) et à la Caisse des dépôts et consignations (582.000 francs).

Nous considérons toujours que notre puissance d'emprunt n'est pas suffisamment appréciée et que les sommes mises à notre disposition par la Caisse des Dépôts et Consignations pourraient être beaucoup plus importantes, sans aucun risque pour cet Établissement; nous éviterions ainsi de faire attendre pendant plusieurs années les sociétaires réunissant les conditions statutaires pour demander la construction d'une maison.

Au 31 décembre 1910, le fonds de réserve et de garantie des Caisses d'épargne s'élevait à la somme de 262.308.187 francs, dont le cinquième, soit 52.461.637 francs, aurait pu être employé en obligations négociables de Sociétés d'habitations à bon marché.

Or, à cette même date, le montant des prêts restant à rembourser ne s'élevait qu'à 13.848.300 francs dont 3.665.300 francs mis à la disposition de la Société de Crédit antérieurement à la loi du 12 avril 1906.

BIBLIOTHÈQUE NATIONALE — IMPRIMÉS

Si le taux des prêts avait été abaissé seulement de 1/2 0/0, le revenu du fonds de réserve en 1910 se serait trouvé diminué de 70.000 francs en chiffres ronds et ledit fonds de réserve au lieu de s'accroître de 14.688.000 francs, ne se serait accru que de 14.618.000 francs. L'écart est de bien minime importance.

L'État pourrait prendre cette différence d'intérêt à sa charge.

S'il nous était prêté davantage, le délai qui s'écoule entre la demande de construction du sociétaire et la mise à exécution serait beaucoup moins long et nous éviterions ainsi nombre de retraits de fonds occasionnés par cette longue période d'attente.

Vous avez pu constater l'existence à notre bilan d'un nouvel article « Frais d'emprunts » occasionné par le fait suivant :

Le 1er février 1911 nous avions à payer à la Caisse des Dépôts et Consignations :

7.145 fr. 10 c. de coupons,

et 21.500 francs pour amortissement des quarante-trois obligations.

Pour les raisons que nous vous avons fait connaître l'an dernier, nous avons fait face à cette échéance dans les conditions suivantes. Nous avons payé :

7.145 fr. 10 c. le 28 janvier 1911 ;
3.500 francs le 1er février 1911 ;
2.000 francs le 18 février 1911 ;
3.000 francs le 13 mars 1911 ;
5.000 francs le 29 mars 1911 ;
8.000 francs le 4 avril 1911.

Or, le 6 avril 1911, nous recevions la lettre suivante de la Caisse des dépôts et consignations :

M.

J'ai l'honneur de vous faire connaître que dans sa séance du 5 avril 1911, la Commission de surveillance placée auprès de mon administration a décidé d'user de la faculté que s'est réservée la Caisse des dépôts, de prendre hypothèque sur les immeubles de la Société l'*Habitation Moderne*.

Cette décision est motivée notamment par le nouveau retard qui s'est produit en 1911 dans le règlement de l'échéance de février et par l'insuffisance des efforts accomplis par la Société pour arriver à constituer une réserve de prévoyance atteignant la quotité, cependant très modeste, de 2 0/0 du solde des emprunts contractés, quotité qu'elle avait été invitée à atteindre le plus rapidement possible par lettre du 29 mai 1907, confirmée le 6 juillet 1908 et tout dernièrement le 14 janvier 1911.

. . . .

Nos protestations ne furent pas entendues et nous dûmes consentir l'hypothèque sollicitée !

Nous aurons l'occasion de revenir sur ce point spécial qui a eu pour conséquence de nous faire supporter une charge immédiate de 5.869 francs, comprenant notamment 3.000 francs d'honoraires pour les notaires, et qui, ultérieurement, augmentera, pour chacun de nos sociétaires-locataires le coût de l'acte d'attribution par lequel nous leur transférerons — lors de leur entière libération — la propriété de la maison ; cet acte d'attribution comportera, en effet, la mainlevée de l'inscription prise par la Caisse des dépôts et consignations.

La Caisse des dépôts et consignations ne prête plus maintenant à aucune Société sans prendre inscription hypothécaire.

En ce qui nous concerne, cette inscription augmente-t-elle les garanties que nos statuts particuliers lui offrent ?

Non ! Messieurs, et cependant cette mesure nous mettra peut-être dans l'obligation d'élever le taux du loyer de 3,25 à 3,50 0/0 !

Votre Conseil d'administration fera tous ses efforts pour éviter cette mesure, et peut-être nous sera-t-il possible de vous faire à cet égard, dans un délai assez rapproché, une communication rassurante !

CONDITIONS ACTUELLES
des prêts consentis par la Caisse des Dépôts et Consignations.

Nous croyons devoir vous communiquer le texte complet des conditions auxquelles la Caisse des Dépôts et Consignations consent maintenant des prêts.

CAISSE DES DÉPOTS
ET
CONSIGNATIONS

EMPRUNT de 60.500 francs contracté par la Société d'habitations à bon marché l'Habitation Moderne à la Caisse des Dépôts et Consignations. (Art. 6 de la loi du 12 avril 1906).

Entre :

La Société d'habitations à bon marché l'*Habitation Moderne* dont le siège social est à Paris, 234, rue de la Croix-Nivert, représentée par :

MM. TARRIN, Président du Conseil d'administration ;

PIOLÉ, Administrateur ;

RONDON, Administrateur,

agissant au nom et pour le compte de ladite Société, en vertu de la délibération du Conseil d'administration en date du 28 octobre 1911.

d'une part :

et la Caisse des Dépôts et Consignations représentée par son Directeur général

d'autre part ;

Il a été convenu ce qui suit :

ARTICLE PREMIER.

Un prêt de soixante mille cinq cents francs est consenti à la Société l'*Habitation Moderne* sur le fonds de réserve et de garantie des Caisses d'épargne dans les conditions énumérées aux articles ci-après, en vue de procéder, concurremment avec les fonds sociaux, à l'exécution des opérations suivantes :

Construction de neuf maisons individuelles destinées à être louées avec promesse d'attribution :

1° Maison sise aux Lilas, destinée à M. Gérards (1).
2° — à Choisy-le-Roi, rue des Frères-Reclus, destinée à M. Page.
3° — à Clamart, 110, avenue Marguerite-Renaudin, destinée à M. Dorveaux.
4° — à Saint-Michel-sur-Orge, chemin de Versailles à Lieusaint, destinée à M. Rondon.
5° — à Gentilly, rue Auguste-Blanqui, destinée à M. Aufrère.
6° — à Neuilly-sur-Marne, rue de l'Avenir, destinée à M. Rémy.
7° — à Montrouge, rue du Poitou, destinée à M. Desaix.
8° — à La Celle-St-Cloud, rue de Louveciennes, destinée à Mᵐᵉ Dreyfus.
9° — au Kremlin-Bicêtre, Villa Dumoigne, destinée à M. Bajoue.

---

(1) A cette opération a été substituée une maison sise à Bourg-la-Reine, rue des Rosiers, destinée à M. Pains.

Art. 2.

En garantie du prêt, la Société s'engage à consentir à la Caisse des Dépôts, avant toute réalisation, une hypothèque de 1er rang sur les immeubles désignés ci-après. Les frais de l'opération seront à la charge de la Société.

1° Une maison sise à Vitry, rue de Joigny, louée à M. Pérotin;
2°   —   à Choisy-le-Roi, rue des Frères-Reclus, destinée à M. Page;
3°   —   à Clamart, 110, avenue Marguerite Renaudin, destinée à M. Dorveaux;
4°   —   à Saint-Michel-sur-Orge, route de Versailles à Lieusaint, destinée à M. Rondon;
5°   —   à Gentilly, rue Auguste-Blanqui, destinée à M. Aufrère;
6°   —   à Neuilly-sur-Marne, rue de l'Avenir, destinée à M. Rémy.

Art. 3.

Le montant du prêt sera versé à la Société par fractions successives et sur justification d'emploi, dans le délai d'un an, à partir de la date du présent contrat; la fraction du prêt, qui n'aurait pas été réalisée à l'expiration de ce délai, serait annulée.

Les demandes de réalisation, accompagnées des pièces justificatives nécessaires, devront être adressées six jours à l'avance.

Les versements prendront valeur du premier jour de la dizaine dans laquelle les fonds auront été mis à la disposition de la Société.

Il ne sera pas opéré en une seule fois de versement supérieur à quinze mille cinq cents francs.

Art. 4.

Toute réalisation donnera lieu à la remise, à la Caisse des Dépôts et Consignations, d'obligations nominatives de la Société, émises au pair, au capital de cinq cents francs. Ces obligations devront être du type adopté par la Caisse des Dépôts; elles seront munies d'une feuille de coupons semestriels pour la durée du prêt.

Art. 5.

Le taux d'intérêt des obligations est fixé à 3 fr. 25 pour cent, net de tous impôts ou frais accessoires, lesquels restent à la charge de la Société.

Une réduction de 0,25 0/0 sera appliquée sous forme de bonification pour la partie du prêt couverte par des assurances temporaires contractées à la Caisse Nationale d'assurance en cas de décès au bénéfice de la Société et dont les primes sont réglées par l'intermédiaire de ladite Société.

Art. 6.

L'amortissement des obligations s'effectuera conformément aux indications du tableau ci-après :

DATES des AMORTISSEMENTS	OBLIGATIONS		DATES des AMORTISSEMENTS	OBLIGATIONS	
	NOMBRE	SOMMES		NOMBRE	SOMMES
		Francs.			Francs.
1er février 1913. . .	4	2.000	1er février 1925. . .	5	2.500
— 1914 . .	4	2.000	— 1926. . .	5	2.500
— 1915. . .	4	2.000	— 1927. . .	6	3.000
— 1916. . .	4	2.000	— 1928. . .	6	3.000
— 1917. . .	4	2.000	— 1929. . .	6	3.000
— 1918. . .	4	2.000	— 1930. . .	6	3.000
— 1919. . .	4	2.000	— 1931. . .	6	3.000
— 1920. . .	5	2.500	— 1932. . .	7	3.500
— 1921. . .	5	2.500	— 1933. . .	7	3.500
— 1922. . .	5	2.500	— 1934. . .	7	3.500
— 1923. . .	5	2.500	— 1935. . .	7	3.500
— 1924. . .	5	2.500			

Au cas où le montant du prêt n'aurait pas été entièrement réalisé dans le délai visé à l'article 3, le tableau d'amortissement serait modifié, sous forme d'avenant, par la Caisse des Dépôts, de manière à correspondre à la somme réellement empruntée.

ART. 7.

L'échéance des coupons est fixée au 1er février et au 1er août de chaque année; si la date d'une réalisation ne coïncide pas avec l'une des échéances, il ne sera dû, lors de l'échéance suivante, que la fraction de coupon correspondant au temps écoulé depuis le premier jour de la dizaine dans laquelle les fonds ont été mis à la disposition de la Société, conformément aux stipulations de l'avant-dernier paragraphe de l'article 3 qui précède.

Il sera tenu compte, le cas échéant, au 1er février de chaque année, de la bonification visée à l'article 5 ci-dessus pour la période courue du 1er janvier au 31 décembre de l'année précédente.

ART. 8.

En outre des amortissements, la Société pourra, à toute époque de l'année, effectuer des versements à titre de remboursements anticipés.

Ces remboursements devront représenter un nombre exact d'obligations et prendront valeur au dernier jour de la dizaine dans laquelle ils auront été opérés. Ils seront appliqués au dernier amortissement à effectuer; toutefois, sur la demande de la Société, la Caisse des Dépôts pourra dresser un nouveau tableau d'amortissement, de manière à répartir les versements faits par anticipation sur toutes les annuités restant à échoir d'après le tableau primitif.

La Société devra verser en même temps la fraction de coupon correspondant au temps écoulé depuis la dernière échéance.

Il ne sera dû, pour ces remboursements, aucune indemnité d'anticipation.

ART. 9.

Les remboursements à effectuer par la Société, en vertu du présent contrat, seront passibles d'intérêts de retard calculés à 5 0/0 l'an, à partir de l'échéance, s'ils n'ont pas été opérés dans les dix jours qui suivent cette échéance.

ART. 10.

Le remboursement des obligations et le payement des coupons et intérêts de retard devront être effectués entre les mains du caissier général de la Caisse des Dépôts et Consignations, à Paris, et sans frais, soit en espèces, soit au moyen d'un mandat sur le Trésor pris à la Trésorerie générale, d'un mandat sur la Banque ou d'un mandat-poste.

ART. 11.

La Société devra fournir à la Caisse des Dépôts :

1° Avant le 15 février de chaque année, un état conforme au modèle adopté par la Caisse des Dépôts et donnant la situation de la Société au 31 décembre de l'année précédente ;

2° Avant le 31 mars de chaque année, le compte rendu *in extenso* de l'Assemblée générale approuvant les comptes de l'année précédente, accompagné du bilan, et du détail du compte de « *Profits et Pertes* » ;

3° Dans le délai d'un mois, le compte rendu des Assemblées générales extraordinaires.

Elle devra fournir, en outre, à la Caisse des Dépôts, tous autres renseignements qui pourraient être demandés sur la situation de la Société.

Art. 12.

La Société s'engage :

1° A prendre hypothèque à son profit sur tous les immeubles qui sont l'objet d'un prêt de sa part et dont elle n'a pas la propriété ;

2° A justifier que tous les immeubles qui lui appartiennent sont assurés contre l'incendie ;

3° A permettre à la Caisse des Dépôts de prendre connaissance à toute époque des livres et pièces de comptabilité de la Société ;

4° A donner à la Caisse des Dépôts toutes facilités pour se rendre compte, sur place, de l'exécution des constructions visées à l'article 1er et notamment mettre à sa disposition, le cas échéant, les devis, plans et cahiers des charges ;

5° A transférer à la Caisse des Dépôts le bénéfice des assurances temporaires, souscrites auprès de la Caisse nationale d'assurance en cas de décès, pour servir, le cas échéant, à un remboursement anticipé d'obligations dans les conditions énoncées à l'article 8 ;

6° A soumettre à l'approbation de la Caisse des Dépôts tout projet de modification des statuts de la Société.

Art. 13.

La Société s'interdit expressément :

1° D'emprunter sur hypothèques ou autrement, sans approbation préalable de la Caisse des Dépôts, jusqu'à complet remboursement des obligations émises en garantie du prêt consenti et d'une manière générale de faire sans cette approbation aucune acquisition mobilière ou immobilière dont la libération totale ne serait pas immédiate ;

2° De modifier les conditions de location et d'amortissement des maisons, ainsi que les conditions d'amortissement des prêts hypothécaires individuels, en vigueur au moment de la conclusion du prêt, sans l'autorisation préalable de la Caisse des Dépôts ;

3° D'employer les fonds d'emprunt à d'autres opérations que celles indiquées à l'article 1er du contrat, sans l'assentiment préalable de la Caisse des Dépôts ;

4° De procéder à l'attribution ou à la vente des maisons sans entente préalable avec la Caisse des Dépôts.

Art. 14.

Le total des sommes restant dues à la Société tant par les débiteurs hypothécaires que par les locataires acquéreurs, augmenté, s'il y a lieu, de la valeur des maisons en location simple, devra toujours être au moins égal au solde des emprunts contractés par la Société.

S'il en était autrement à un moment donné, un remboursement anticipé devrait être immédiatement effectué en vue de satisfaire à la condition sus énoncée.

Art. 15.

Le remboursement du capital restant dû deviendra de plein droit immédiatement exigible :

a) Après simple mise en demeure par lettre recommandée ;

1° A défaut de payement des obligations et des coupons échus, dans un délai de six mois à partir de l'échéance ;

2° En cas de non-production des justifications prévues au contrat ;

3° En cas de violation de l'une des clauses insérées aux articles 12 et 14 du contrat.

b) Sans mise en demeure préalable :

1° En cas de retrait de l'approbation ministérielle prononcé conformément à l'article 13 de la loi du 12 avril 1906 ;

2° En cas de dissolution de la Société ;

3° En cas de violation de l'une des clauses contenues à l'article 13 du contrat.

ART. 16.

Pour l'exécution du présent contrat, la Société déclare faire élection de domicile à Paris.

ART. 17.

Tous les droits et frais auxquels le présent contrat pourrait donner lieu sont à la charge de la Société.

Fait en double entre les parties.

A Paris, le 9 novembre 1911.

Pour la Caisse des Dépôts et Consignations :
Le Conseiller d'État, Directeur général,
Pour le Conseiller d'État, Directeur général :
Le Sous-Directeur,
CROQUET

Pour la Société :
Signé : TARRIN, RONDON, PIOLÉ

En ce qui concerne l'emprunt de 1903 contracté avec la Caisse d'Épargne de Paris, il a été ramené à 15.000 francs, par suite de l'amortissement normalement effectué.

Dépôts.

Le solde des dépôts en compte courant s'élevait à 44.452 fr. 42 c.

Nous nous permettons de vous faire observer que les fonds qui nous sont versés bénéficient d'un intérêt de 4 0/0, soit sous forme d'actions, soit sous forme de dépôts en compte courant, alors que les bons à échéance fixe des grandes banques rapportent :

1 0/0 de 6 à 11 mois :

2 0/0 pour un an et au delà.

L'intérêt servi par la Caisse d'épargne et de prévoyance de Paris n'est que de 2,75 0/0.

Créanciers divers.

Le solde dudit compte au 31 décembre 1911 s'élevait à 27.429 fr. 45 c., comprenant :

1° 16.388 fr. 30 c. dus à divers entrepreneurs.

2° 7.012 fr. 68 c. montant de la fraction échue au 31 décembre 1911 — mais payable seulement le 1er février 1912 — du coupon des obligations négociées à la Caisse des Dépôts et Consignations; ce paiement a été effectué le jour même de l'échéance.

3° 323 fr. 50 c. qui ont été payés à la Caisse d'Épargne de Paris, le 2 janvier 1912.

4° 3.605 francs, montant d'une avance sur titres consentie par le Crédit Foncier;

Subventions.

Le Conseil municipal de Paris a bien voulu nous accorder, pour 1911, une subvention de 500 francs et le Conseil général de la Seine, une subvention de 750 francs. Une somme de 500 francs a également été inscrite au budget de la Ville de Paris pour subvention afférente à l'exercice 1912.

Nous adressons nos plus sincères remerciements aux membres de ces deux Assemblées.

Frais généraux.

Les frais généraux se sont élevés à 1.724 fr. 75 c. sur lesquels 509 fr. 60 c. ont été mis à la charge des sociétaires locataires; quant aux 1.215 fr. 15 c. de différence, ils sont amortis par prélèvement d'égale somme sur le compte Profits et Pertes.

Ils se décomposent comme suit :

Loyer, contributions, chauffage, éclairage et entretien du siège social . . . . Fr.	400	»
Indemnité aux aides-comptables	750	»
Frais de l'Assemblée générale de 1911	68	»
Timbres-poste et timbres-quittance	111	»
Souscriptions diverses : Société française des habitations à bon marché, Musée social, *Journal officiel*, etc.	44	50
Dépenses diverses de fonctionnement du Conseil d'administration et de la Direction	351	25
Fr.	1.724	75

Mobilier et matériel.

Ce compte passe de 1.500 francs à 2.400 francs, par suite de l'achat d'une machine à écrire Underwood, d'une presse à copier, et de différents meubles et objets mobiliers destinés au siège social où tous les sociétaires sont invités à se rendre afin de pouvoir examiner d'une façon utile le mode de fonctionnement de la Société, leur compte particulier, et, si tel est leur désir, le registre des procès-verbaux des séances du Conseil d'administration.

Fonds de propagande.

Vous aviez doté ce compte d'une somme de 283 fr. 93 c.

Les dépenses ont été les suivantes :

Impression de 550 exemplaires du compte rendu de l'Assemblée du 26 mars 1911 . . . . Fr.   380   »
2.000 notices.   71 25
Fr.   451 25

Le solde, soit 167 fr. 32 c., sera prélevé sur le compte Profits et Pertes de 1911.

Concours et Expositions.

Nous avons eu à supporter de ce chef, en 1911, 277 fr. 70 c. de dépenses, tant pour solder certains frais occasionnés par l'Exposition de Bruxelles que pour notre participation à l'Exposition de Turin.

Nous avons la satisfaction de vous annoncer que notre Société a obtenu **un diplôme d'honneur** à cette Exposition.

Nous prenons part en ce moment au concours national organisé par le Ministère du Travail et de la Prévoyance sociale, mais les résultats de ce concours ne seront connus qu'ultérieurement.

A la demande du Comité départemental des habitations à bon marché du département de la Seine, nous avons installé au Musée d'hygiène de la Ville de Paris, 87, boulevard Sébastopol (ancien presbytère de Saint-Leu), une maquette représentant l'habitation Lambert-Hachard et huit châssis précédemment exposés à Turin.

Nous engageons tous nos sociétaires à visiter ce Musée dont l'entrée est gratuite.

Congrès et Conférences.

Votre Conseil d'administration s'est fait représenter à la Conférence nationale organisée au Musée social le 17 mars 1912 par la Société française des habitations à bon marché.

Notre Président a pris une part encore plus active que les années précédentes aux travaux de la Conférence.

Législation.

I. — En ce qui concerne la législation sur les habitations à bon marché, la loi du 14 juillet 1911, portant fixation du budget de l'exercice 1911, comporte les dispositions suivantes :

Art. 3. — Les premier et deuxième alinéas de l'article 5 de la loi du 12 avril 1906, sur les habitations à bon marché, sont remplacés par les dispositions suivantes :

« Les avantages concédés par la présente loi s'appliquent aux maisons destinées à l'habitation collective, lorsque la valeur locative réelle de chaque logement ne dépasse pas, au moment de la construction, les maxima déterminés ci-après. »

Le douzième alinéa du même article est remplacé par les dispositions suivantes :

« Bénéficieront également des avantages de la loi les maisons individuelles dont la valeur locative réelle ne dépassera pas de plus d'un cinquième le chiffre déterminé ci-dessus. Seront considérés comme dépendances de la maison pour l'application de la loi, sauf en ce qui concerne l'exemption temporaire d'impôt foncier, les jardins d'une superficie de 5 ares au plus attenant aux constructions ou les jardins de 10 ares au plus non attenant aux constructions et possédés dans la même localité par les mêmes propriétaires. »

Art. 4. — Les propriétaires d'habitations à bon marché auxquels l'exemption d'impôt stipulée par l'article 5 de la loi du 12 avril 1906 aura été refusée pour défaut de production du certificat de salubrité prévu par ledit article dans les délais fixés par l'article 59 du décret du 10 janvier 1907, seront recevables à présenter une nouvelle demande, dans le délai de six mois à dater de la promulgation de la présente loi, à charge par eux de produire, dans le même délai, le certificat ci-dessus visé.

La première de ces dispositions supprime les commissions départementales qui avaient la faculté de réduire du quart les maxima de valeur locative fixés par la loi de 1906, maxima qui sont déjà insuffisants.

La seconde accorde un délai de six mois aux sociétés et aux particuliers qui avaient fait bâtir une maison sous le régime de la loi de 1906 et à qui l'exemption d'impôts avait été refusée parce qu'ils n'avaient pu produire à temps les certificats de salubrité.

Nous étions dans ce cas pour certaines de nos maisons, les comités de patronage des départements de la Seine et de la Seine-et-Oise n'ayant été reconstitués que longtemps après la promulgation de la loi de 1906.

Mais cette modification est devenue superflue en ce qui nous concerne, car nous avions engagé une instance devant le Conseil d'État, pour chacune des maisons en question, en faisant valoir précisément les arguments qui ont déterminé — si tardivement — l'intervention du Gouvernement et du Parlement. Et deux arrêts rendus par le Conseil d'État le 26 mai 1911 nous ont donné satisfaction pour les maisons Leriche, Plard et Vassivière; d'autres instances sont encore pendantes.

Nous avons obtenu le remboursement, pour le compte de nos sociétaires, de 685 fr. 60 c. de contributions indûment perçues, mais vous ne sauriez croire combien cela a occasionné de lettres, de démarches et d'instances administratives et judiciaires. —

II. — Les deux dispositions ci-dessus étaient comprises dans le projet de loi déposé à la Chambre des députés, le 21 avril dernier, mais celui-ci comportait également la disposition ci-dessous qui avait été adoptée par la Chambre des Députés.

Le premier alinéa de l'article 9 de la même loi est remplacé par les dispositions suivantes :

« Sont affranchies de la contribution foncière et de la contribution des portes et fenêtres, pourvu qu'elles remplissent les conditions prévues par l'article 5 de la présente loi, les maisons individuelles construites par les intéressés pour leur usage personnel, ainsi que les maisons individuelles ou collectives construites, soit par des établissements publics et des établissements ou associations reconnus d'utilité publique, soit par des sociétés dont les statuts sont approuvés par le Ministre du Travail et de la Prévoyance sociale, conformément à l'article 13 ci-après. Cette exemption sera d'une durée de douze années à compter de l'achèvement de la maison. Elle cesserait de plein droit si, par suite de transformations ou d'agrandissements, l'immeuble perdait le caractère d'habitation à bon marché et acquérait une valeur sensiblement supérieure au maximum légal. »

L'article 9 de la loi du 12 avril 1906, modifié comme il est dit ci-dessus, n'est pas applicable aux maisons dont la construction aura été entreprise antérieurement à la présente loi. Les propriétaires de ces maisons continueront à bénéficier des dispositions précédemment en vigueur.

Mais, comme en 1910, M. Paul Strauss demanda et obtint du Sénat la disjonction de cette disposition.

En 1910, le Ministre des Finances avait accepté la disjonction en priant très instamment la Commission des finances du Sénat et son président de vouloir bien faire rapporter le plus tôt possible, c'est-à-dire dès le commencement de juin, la disposition qui lui étaient renvoyées.

En 1911, le Ministre des Finances a encore consenti à ce nouvel ajournement en signalant cependant que ce nouveau retard allait profiter aux spéculateurs qui tirent 7, 8 et 9 0/0 de leurs placements immobiliers et que les immunités fiscales dont ils profitaient devenaient une charge très lourde pour les communes et les départements.

Aucune décision n'est encore intervenue !

Mais le projet de loi, sur lequel nous reviendrons, modifiant et complétant la loi du 12 avril 1906 sur les habitations à bon marché, déposé le 21 novembre 1911, prévoit un nombre de pièces minimum auquel correspondraient les maxima indiqués par la loi, lesquels seraient réduits à mesure que le nombre des pièces composant le logement diminuerait.

On fera ainsi disparaître partie des abus qu'avait pour but de supprimer le texte voté par la Chambre dès 1910 ; mais à partir de quelle époque ?

Et il nous est possible de répéter que grâce à cet atermoiement des maisons collectives qui n'ont de bon marché que le nom, composées notamment d'une chambre et d'une cuisine, louées 400 francs, par exemple, ou même 550 francs continuent à tort, et contrairement à la pensée du législateur de 1906, à bénéficier d'immunités fiscales, alors que le prix de location des logements qui les composent ne constituent pas (vu la faible superficie desdits logements) des prix de location à bon marché mais seulement des prix de location inférieurs à 550 francs.

Cet ajournement est d'autant plus regrettable que par une délibération du 6 novembre 1905, le Conseil municipal a décidé, pensant par ce moyen encourager la construction des habitations à bon marché, d'exonérer des deux taxes municipales de remplacement (foncière et valeur en capital) toutes les constructions qui bénéficieraient des exemptions de l'impôt foncier et des portes et fenêtres accordées par les lois des 30 novembre 1894 et 12 avril 1906.

L'exonération des taxes municipales a occasionné des remises considérables et le Conseil municipal de Paris a déjà admis en non-valeurs les sommes suivantes :

Année 1906.

Taxe foncière.
21.810 fr. 75 c.

Valeur en capital.
14.536 fr. 12 c.

Total : 36.346 fr. 87 c.

Année 1907.

Taxe foncière.
42.400 fr. 11 c.

Valeur en capital.
28.521 fr. 36 c.

Total : 70.921 fr. 47 c.

Année 1908.

Taxe foncière.
75.393 fr. 15 c.

Valeur en capital.
51.104 fr, 96 c.

Total : 126.498 fr. 11 c.

Année 1909.

Taxe foncière.
74.953 fr. 03 c.

Valeur en capital.
49.994 fr. 95 c.

Total : 124.947 fr. 98 c.

Année 1910.

Taxe foncière.
54.180 fr. 33 c.

Valeur en capital.
35.154 fr. 35 c.

Total : 89.334 fr. 68 c.

Année 1911.

Taxe foncière.
31.330 fr. 71 c.

Valeur en capital.
19.683 fr. 55 c.

Total : 51.014 fr. 26 c.

Pour 1910 et 1911, les chiffres ci-dessus ne sont que des chiffres partiels ; les dégrèvements atteindront un chiffre beaucoup plus important.

Le Conseil municipal devrait modifier immédiatement sa délibération de principe du 12 avril 1906 de façon à ne maintenir l'exonération des taxes municipales que pour les maisons bénéficiant de l'exonération de l'État et pour lesquelles le prix de location de la surface habitable des logements composant ces maisons ne correspondrait pas à un prix supérieur à 10 francs le mètre carré.

L'économie annuelle ainsi réalisée pourrait être affectée à constituer un fonds de dotation destiné à diminuer le prix du logement des familles nombreuses.

Loi du 10 avril 1908

RELATIVE

à la petite propriété et aux habitations à bon marché.

III. — La loi du 10 avril 1908, relative à la petite propriété et aux maisons à bon marché a été modifiée par la Chambre des Députés le 29 décembre 1911 et par le Sénat le   février 1912.

Le nouveau texte, promulgué le 28 février 1912 est ainsi conçu :

ARTICLE PREMIER. — Tous les avantages prévus par la loi du 12 avril 1906 pour les maisons à bon marché, sauf l'exemption temporaire d'impôt foncier, s'appliquent aux jardins ou champs n'excédant pas un hectare.

Les terrains visés au paragraphe précédent bénéficient, en outre, des avantages prévus aux articles ci-après, pourvu :

1° Que la valeur locative réelle du logement de l'acquéreur n'excède pas, au moment de l'acquisition, le chiffre fixé pour la commune, par l'article 5 de la loi du 12 avril 1906 ;

2° Que le prix d'acquisition, y compris les charges, ne dépasse pas 1.200 francs ;

3° Que l'acquéreur s'engage, vis-à-vis de la Société qui lui aura consenti un prêt hypothécaire dans les conditions indiquées à l'article 2 de la présente loi, à cultiver lui-même ce terrain ou à le faire cultiver par les membres de sa famille.

Si l'acquéreur est déjà, au moment de l'acquisition, propriétaire d'un terrain bâti ou non bâti, la contenance et la valeur de ce terrain viennent en déduction des chiffres fixés aux paragraphes précédents.

ART. 2. — Des prêts au taux de 2 % peuvent être consentis par l'État aux Sociétés de crédit immobilier qui ont pour objet :

1° De consentir aux emprunteurs remplissant les conditions prévues par la présente loi, des prêts hypothécaires individuels destinés soit à l'acquisition de champs ou jardins dans les termes indiqués à l'article 1er, soit à l'acquisition ou à la construction de maisons individuelles à bon marché ;

2° De faire des avances aux Sociétés d'habitations à bon marché constituées selon la loi du 12 avril 1906 pour celles de leurs opérations effectuées en conformité du paragraphe précédent.

ART. 3. — Chacun des emprunteurs visés à l'article 2 doit remplir les conditions suivantes :

1° Posséder, à la conclusion du prêt hypothécaire, le cinquième au moins du prix du terrain ou de la maison ;

2° Passer avec la Caisse nationale d'assurance en cas de décès un contrat à prime unique garantissant le paiement des annuités qui resteraient à échoir au moment de sa mort, le montant de cette prime pouvant être incorporé au prêt hypothécaire ;

3° Être muni d'un certificat administratif délivré par le contrôleur des contributions directes et constatant qu'il a été satisfait aux conditions imposées, soit par l'article 1er de la présente loi s'il s'agit de l'acquisition d'un champ ou jardin, soit par l'article 5 de la loi du 12 avril 1906 s'il s'agit de l'acquisition ou de la construction d'une maison individuelle ; dans ce dernier cas, l'emprunteur doit produire, avant la conclusion du prêt, le certificat de salubrité prévu à l'article 5 de la loi de 1906 précitée, ou bien un certificat provisoire de salubrité délivré par un délégué du Comité de patronage. Ce délégué est désigné par lui, dans chaque canton de sa circonscription autant que possible, au mois de décembre de chaque année, pour l'année suivante, soit parmi ses membres, soit parmi les architectes ou ingénieurs au service du département ou des communes. Le bénéfice des dispositions de la loi du 12 avril 1906 demeure, en ce cas, subordonné à l'obtention ultérieure du certificat de salubrité spécifié par ladite loi.

ART. 4. — Pour obtenir des prêts de l'État, les Sociétés de crédit immobilier devront se constituer sous la forme anonyme et au capital minimum de 100.000 francs.

Le dividende annuel à servir aux actionnaires ne devra pas dépasser 4 %.

ART. 5. — Les sommes restant dues par une Société de crédit immobilier ne pourront dépasser la somme calculée comme il suit :

1° La moitié du capital restant à appeler ;

2° Le montant des rentes ou valeurs garanties par l'État appartenant à la Société et déposées à la Caisse des dépôts et consignations ;

3° Les créances sur première hypothèque jusqu'à concurrence des six dixièmes au plus du prix d'achat ou de revient des immeubles affectés à leur garantie ;

4° La réserve mathématique des polices d'assurances sur la vie pour lesquelles la Société a fait l'avance des primes.

Toutefois les créances hypothécaires pourront être comprises dans l'évaluation de la somme susvisée pour 7 dixièmes du prix de revient des immeubles hypothéqués, si la commune ou le département garantit le paiement des annuités correspondant à l'avance complémentaire d'un dixième, que la Société aura ainsi reçue de l'État.

Pendant toute la durée du remboursement des prêts à 2 % les Sociétés ne pourront consentir valablement de cessions de créances hypothécaires sans l'autorisation de la Commission d'attribution instituée auprès du Ministre du Travail par l'article 8.

ART. 6. — Le total des avances que pourra faire l'État aux Sociétés de crédit immobilier, dans les conditions de la présente loi, est fixé à 100 millions.

Le Ministre des Finances est autorisé à se procurer les fonds nécessaires, dans les limites d'un crédit ouvert chaque année par la loi de finances, au moyen d'avances qui pourront être faites au Trésor par la Caisse nationale des retraites pour la vieillesse. Ces avances seront représentées par des titres d'annuités, dont les intérêts seront réglés trimestriellement, au taux fixé pour le tarif de ladite Caisse, conformément à l'article 12 de la loi du 20 juillet 1886, et en vigueur au moment de la réalisation de chaque avance.

Les prêts aux Sociétés sont effectués, pour le compte de l'État, par la Caisse nationale des retraites sur la désignation d'une Commission spéciale instituée auprès du Ministère du Travail par l'article 8 de la présente loi. Les frais d'administration afférents à ce service sont remboursés chaque année à la Caisse nationale.

Art. 7. — Les remboursements à effectuer par les Sociétés sont passibles d'intérêts de retard calculés au taux de 4 % à partir de leur échéance, s'ils n'ont pas été opérés dans le mois de cette échéance.

Le recouvrement des sommes non remboursées dans un délai de trois mois et des intérêts de retard y relatifs, est poursuivi par l'agent judiciaire du Trésor.

Art. 8. — La Commission d'attribution des prêts est nommée par décret, sur la proposition du Ministre du Travail et de la Prévoyance sociale, pour une durée de cinq ans ; elle est composée de seize membres, ainsi qu'il suit :

Le Ministre du Travail, président ;
Deux sénateurs ;
Deux députés ;
Un membre du Conseil d'État ;
Un membre de la Cour des comptes ;
Deux fonctionnaires du Ministère des Finances ;
Le directeur général de la Caisse des dépôts et consignations ou son délégué ;
Le directeur de l'assurance et de la Prévoyance sociale ou son délégué ;
Le directeur de l'hydraulique et des améliorations agricoles ou son délégué ;
Deux représentants des Sociétés de crédit immobilier ;
Deux membres du Conseil supérieur des habitations à bon marché.

Le décret désigne le vice-président de la Commission ainsi qu'un chef ou sous-chef de bureau du Ministère du Travail et de la Prévoyance sociale qui remplit les fonctions du secrétaire.

Art. 9. — En ce qui concerne les contrats d'assurance temporaire que les emprunteurs hypothécaires doivent passer avec la Caisse nationale d'assurance en cas de décès, conformément à l'article 3 de la présente loi, le proposant sera soumis à la visite du médecin désigné par elle.

Toutefois il en sera dispensé lorsqu'il aura, deux ans au moins avant l'acquisition de la maison, du champ ou du jardin, formé une demande d'assurance et opéré à la Caisse nationale un versement égal à 1 0/0 du capital à garantir, sans que la somme versée puisse être inférieure à 10 francs. La souscription de la police devra être effectuée dans un délai d'une année après l'expiration de la période de deux ans visée ci-dessus, et la somme versée viendra en déduction de la prime unique. Si la police n'est pas souscrite dans le délai fixé, le versement restera acquis à la Caisse nationale.

Art. 10. — Un règlement d'administration publique, rendu sur la proposition du Ministre du Travail et du Ministre des Finances, déterminera toutes les mesures propres à assurer l'application des dispositions qui précèdent, et notamment :

1° Les clauses que devront contenir les statuts des Sociétés de crédit immobilier pour que ces Sociétés puissent recevoir, après avis du Conseil supérieur des habitations à bon marché, l'approbation du Ministre du Travail, en vue de bénéficier des faveurs accordées par la présente loi et par celle du 12 avril 1906, ainsi que les conditions dans lesquelles serait retirée cette approbation aux Sociétés qui ne se conformeraient pas à la présente loi ;

2° Le mode et le délai d'établissement du certificat administratif visé à l'article 3 ;

3° Les conditions dans lesquelles la Caisse d'assurance en cas de décès effectuera les opérations d'assurance visées aux articles 3 et 9 ;

4° Les dispositions qui devront être insérées dans les contrats passés entre la Caisse nationale des retraites opérant pour le compte de l'État et les Sociétés de crédit immobilier, en vue d'assurer l'exécution de la présente loi.

Art. 11. — Les opérations effectuées par les Caisses d'épargne, en exécution de l'article 10 de la loi du 20 juillet 1895 et de l'article 16 de la loi du 12 avril 1906, pourront être faites au taux réduit de 2 0/0, lorsqu'elles seront faites au profit de personnes remplissant les conditions requises par l'article 3 de la présente loi.

Art. 12. — La présente loi est applicable à l'Algérie.

DISPOSITION SPÉCIALE

Lors de l'expiration d'une société de crédit immobilier, ou en cas de dissolution anticipée, l'Assemblée générale appelée à statuer sur la liquidation, ne pourra, après paiement du passif et remboursement du capital versé attribuer la portion d'actif qui excéderait la moitié de la quotité du capital social versé qu'à une ou plusieurs autres sociétés régies par la présente loi, sous réserve de l'approbation du Ministre du Travail, après avis du Conseil supérieur des habitations à bon marché.

Les dispositions de l'alinéa précédent ne sont applicables qu'aux Sociétés qui obtiendront des prêts postérieurement à la promulgation de la présente loi.

Nous ne croyons pas devoir reproduire les critiques que nous avons formulées dans notre brochure spéciale de 1907; mais nous les maintenons, car chaque opération est lourdement grevée par le coût des formalités d'inscription hypothécaire et de mainlevée qui dépassent 4 0/0 du montant de la valeur de la maison.

Et nous nous contenterons de signaler que sur les 100 millions mis à la disposition des sociétés de crédit immobilier depuis 1908 le Trésor avait déboursé, au 31 décembre 1910, la faible somme de 230,000 francs!

Administration.

Un exposé de la situation de la Société est ensuite fait par M. Tarrin et quelques explications sont données sur certains litiges, notamment en réponse à plusieurs questions posées par M. Valette.

M. Tarrin met ensuite l'Assemblée au courant de l'état des études engagées par les Commissions de la Chambre des Députés et du Conseil municipal en vue de donner un nouvel essor aux habitations à bon marché.

APPROBATION D'APPORTS IMMOBILIERS

MM. MARCHADIER ET RIGAUT, RAPPORTEURS,

MESDAMES, MESSIEURS,

Nous vous prions de vouloir bien ratifier les apports des terrains ci-dessous désignés, faits à la Société par trois sociétaires, demandeurs de maisons; terrains en échange desquels attribution a été faite auxdits sociétaires, par des actes notariés reçus par Mᵉ Bourdel, notaire à Paris, d'un certain nombre d'actions entièrement libérées, représentatives de la valeur desdits terrains :

Le 15 mars 1911, apport par M. Salat, employé à l'Usine de Colombes, demeurant à Colombes, 3, rue de Seine, de deux terrains d'ensemble 238 mètres situés rue de l'Égalité, à Colombes, et attribution par la Société de 7 actions de 100 francs entièrement libérées, nᵒˢ 38 — 10.237 à 10.242.

Ce terrain a été rétrocédé depuis au sociétaire, car il est sur le point d'être exproprié.

Le 9 décembre 1911, apport par M. Lenain, contremaître à la Société du Gaz de Paris, demeurant à Saint-Ouen, rue Edgard-Quinet, nᵒ 11, d'un terrain de 399ᵐ²,70, sis à Deuil, rue de la Chevrette, et attribution par la Société de 140 actions libérées de 22 francs, nᵒ 647 à 650 — 3.090 à 3.094 — 4.575 à 4.596 — 5.076 à 5.089 — 10.387 à 10.391 — 10.625 à 10.714.

Le 19 décembre 1911, apport par M. Auguste Kuntz, expéditionnaire à la Préfecture de la Seine, demeurant à Paris, rue de Vaugirard, nᵒ 366, d'un terrain de 225 mètres carrés, sis à Fontenay-aux-Roses, avenue de la République, et attribution par la Société de 100 actions libérées de 20 francs, nᵒˢ 11.517 à 11.616.

La valeur de ces terrains correspond bien aux prix indiqués dans les actes notariés.

MARCHADIER, RIGAUT.

RAPPORT DE LA COMMISSION DE SURVEILLANCE

MM. Demaret et Boche, *Commissaires de surveillance.*

Mesdames, Messieurs,

Conformément au mandat que vous nous avez confié, nous avons procédé à la vérification des comptes et des livres de la Société.

Après pointage des écritures avec les pièces de caisse, nous avons constaté la parfaite concordance des chiffres portés au bilan avec ceux portés sur les livres.

En ce qui concerne le prélèvement de 1.875 francs, opéré sur la réserve extraordinaire, nous avons examiné les conditions dans lesquelles avait été prise par l'Assemblée générale du 8 mars 1908 la décision portant **qu'aucun prélèvement ne pourrait être effectué sur cette réserve, sans autorisation de la Caisse des dépôts, à moins que la quotité restante ne soit au moins égale à 2 0/0 des emprunts non remboursés audit établissement.**

Nous considérons que ce prélèvement peut être régulièrement effectué bien que les réserves n'atteignent que 1,20 0/0 des emprunts non remboursés, la Caisse des Dépôts et Consignations ayant substitué à la garantie que ces réserves pouvaient comporter la garantie effective de l'inscription hypothécaire.

Nous vous proposons, en conséquence de donner votre approbation complète, tant aux comptes qui vous sont soumis qu'à la répartition suivante qui vous est proposée :

Réserve légale. . . . . Fr.　625 05

Dividende 4 0/0. . . . . 12.281 08

Allocation pour participation de la Société dans le
paiement des primes d'assurance en cas de décès.　220 16

Solde à reporter. 759 23

Total. . . . . Fr.　13.885 52

Signé : Demaret, Buche.

RÉSOLUTIONS

Les résolutions suivantes sont ensuite successivement mises aux voix et adoptées à l'unanimité.

I. — L'Assemblée, après avoir entendu le rapport spécial qui lui est présenté par MM. Marchadier et Rigaut, déclare ratifier les apports des terains ci-dessous désignés, faits à la Société par un certain nombre de Sociétaires demandeurs de maisons, en échange desquels attribution a été faite auxdits Sociétaires, par actes notariés reçus par Mᵉ Bourdel, notaire à Paris, d'un certain nombre d'actions, représentatives de la valeur desdits terrains :

Le 15 mars 1911, apport par M. Salat, de deux terrains d'ensemble 238 mètres carrés, sis à Colombes, et attribution de 7 actions de 100 francs entièrement libérées, nᵒˢ 38 — 10.237 à 10.242 (1).

Le 9 décembre 1911, apport par M. Lenain, d'un terrain de 399^{m²},70, sis à Deuil, rue de la Chevrette, et attribution de 140 actions libérées de 22 francs, nᵒˢ 647 à 650 — 3.090 à 3.094 — 4.575 à 4.596 — 5.076 à 5.089 — 10.387 à 10.391 — 10.625 à 10.714.

Le 19 décembre 1911, apport par M. Auguste Kuntz, d'un terrain de 220 mètres carrés, sis à Fontenay-aux-Roses, et attribution de 100 actions libérées de 20 francs, nᵒˢ 11.517 à 11.616.

II. — L'Assemblée, après examen des registres à souches des actions, des livres, documents et pièces comptables y relatifs, reconnaît sincères et véritables les déclarations de souscriptions et de versements qui ont permis de porter le capital social à 1.200.000 francs, représenté par 12.000 actions de 100 francs souscrites par 350 sociétaires.

---

(1) Ce terrain a été rétrocédé à M. Salat, démissionnaire, par acte dressé par Mᵉ Bourdel, le 6 mars 1912.

III. — L'Assemblée désigne MM. Marchadier et Rigaut, qui acceptent, pour vérifier les apports immobiliers qui pourront être faits à la Société au cours de l'exercice 1912 et pour présenter un rapport à l'Assemblée générale.

IV. — L'Assemblée générale, après avoir entendu les rapports du Conseil d'Administration et des Commissaires de surveillance sur l'exercice écoulé du 1er janvier au 31 décembre 1911, approuve les comptes et bilan de cet exercice, arrêtés au 31 décembre 1911, tels qu'ils ont été présentés, ainsi que la répartition des bénéfices proposée par le Conseil d'administration.

V. — L'Assemblée générale fixe, en conséquence, à 4 0/0 le montant du dividende de l'exercice clos le 31 décembre 1911.

VI. — L'Assemblée générale renouvelle au Conseil d'administration l'autorisation de contracter au nom et pour le compte de la Société, envers la Caisse des Dépôts et Consignations ou avec tout autre prêteur agréé par la Caisse des Dépôts et Consignations, un ou plusieurs nouveaux emprunts, jusqu'à concurrence de 477.000 francs dont 120.000 francs, au maximum, pour la maison collective, et dans la limite des trois quarts du capital social ; toucher cette somme, en donner quittance, fixer le taux de l'intérêt pour ladite somme sera productive, convenir du mode et des époques de paiement tant en capital qu'en intérêts ; arrêter les charges et conditions sous lesquelles ce prêt sera fait, stipuler notamment que la Société acquittera tous les impôts et taxes mis ou à mettre sur ce prêt : obliger la Société au remboursement et au paiement de tous intérêts, frais et accessoires, ainsi qu'à l'exécution de toutes les clauses et conditions arrêtées ; émettre tous titres quelconques en représentation dudit emprunt ; faire toutes déclarations d'état-civil ou autres.

VII. — Il ne sera donné satisfaction aux demandes de remboursement en 1912, qu'à l'aide des ressources provenant de nouvelles adhésions. Cette résolution motivée par les engagements actuellement contractés par la Société, est absolument conforme aux statuts, mais pour atténuer les conséquences de son application dans les conditions déterminées par l'article 19 des statuts « à titre exceptionnel et transitoire, il sera servi aux sociétaires démissionnaires qui n'auraient pas été remboursés dans les trois mois de leur demande un intérêt de 3 0/0 depuis le 1er janvier jusqu'au jour du remboursement. »

VIII. — Si dans un cas de force majeure un sociétaire-locataire est autorisé par le Conseil d'administration à sous-louer temporairement sa maison, la sous-location est consentie par la Société aux risques et périls du sociétaire-locataire et tous les versements effectués par le preneur sont portés au crédit du compte de celui-ci ; mais le loyer statutaire de 3,25 0/0 dont le sociétaire-locataire est redevable envers la Société subit une majoration de 0,75 0/0 pendant toute la durée de la sous-location. Quant aux versements à faire sur les actions, ils doivent continuer à être effectués avec la plus grande régularité.

Toutes les mesures déjà prises par le Conseil dans cet ordre d'idées sont ratifiées.

IX. — En conformité des statuts, le Conseil d'administration est invité à poursuivre, la liquidation du compte du sociétaire F... qui a abandonné la maison qu'il habitait, à résilier sa police d'assurance en cas de décès et à remettre ladite maison en état, afin d'en tirer le meilleur parti.

X. — L'Assemblée décide que remise complète des amendes encourues par chacun des sociétaires-locataires au cours de leur période de libération, sera faite auxdits sociétaires-locataires le jour de la signature de l'acte notarié par lequel la Société lui aura attribué sa maison.

Ce remboursement sera effectué par prélèvement sur la réserve extraordinaire qui devra, par conséquent, être toujours au moins égale au montant des amendes appliquées.

XI. — MM. Mouliérat, Pérotin et Tarrin, membres sortants,

sont réélus membres du Conseil d'administration pour quatre années. MM. Mouliérat, Pérotin et Tarrin déclarent accepter cette fonction.

M. Page est élu administrateur pour quatre années en remplacement de M. Vigneron qui déclare ne pas se représenter.

M. Chalin est élu administrateur pour deux ans en remplacement de M. Chantrier, démissionnaire.

M. Durdan est élu administrateur pour trois ans en remplacement de M. Gautier, démissionnaire.

MM. Kuntz et Navlet sont nommés administrateurs suppléants.

M. Étienne, au nom de MM. Chalin, et MM. Durdan, Kuntz et Navlet déclarent accepter.

XII. — MM. Boche et Demaret sont réélus Commissaires de surveillance.

Ils déclarent accepter le mandat qui leur est confié.

Distinctions honorifiques.

Le Président annonce ensuite que la **Société d'Encouragement au bien** a accordé sa Médaille d'Or à **MM. Chantrier** et **Frédério**, administrateurs, et que les Palmes académiques ont été accordées à **MM. Maurice Turin**, architecte de la Société.

Il les félicite chaleureusement au nom de tous.

Des médailles de collaborateurs ont été également accordées par le Jury de l'Exposition de Turin :

Une Médaille d'argent à **MM. Belœil, Demaret, Greslat** et **Pérotin ;**

Une Médaille de bronze à **MM. Vigneron** et **Mouliérat.**

Le Président invite tous les sociétaires à un nouvel effort de propagande et la séance est levée à midi.

Banquet, sauterie.

Le banquet, auquel tous les sociétaires et leur famille avaient été conviés, a eu lieu, à l'issue de l'Assemblée générale, dans la Salle des fêtes du Palais d'Orléans, sous la présidence de M. Poirier de Narçay, Vice-président du Conseil général de la Seine, assisté de M. Ambroise Rendu, Conseiller municipal de Paris, vice-président du Comité départemental des Habitations à bon marché et de la Prévoyance sociale de la Seine.

Nous augmenterions certainement les regrets de ceux qui n'assistèrent pas à cette jolie fête familiale en en publiant le compte rendu complet; aussi nous contenterons-nous d'en dresser le bilan suivant :

146 couverts :

84 sociétaires;

40 dames et demoiselles, aimables et charmantes, toutes gratifiées d'un coquet bouquet de corsage;

20 enfants au gai babil.

Menu bien exécuté, service correct.

Éloquents discours de MM. Poirier de Narçay, Ambroise Rendu et Tarbin.

Sauterie jusqu'à 6 heures du soir.

Rendez-vous pris, pour l'an prochain, par toutes les personnes présentes.

LISTE DES SOCIÉTAIRES

Adam, cantonnier de la Ville de Paris.

Aliphat, expéditionnaire à la Préfecture de la Seine (7ᵉ mairie).

Allène, chef tailleur à l'Hospice de Bicêtre.

Amelot, instituteur.

Ancel, expéditionnaire à la Préfecture de la Seine.

Anolin, brigadier jaugeur à l'Octroi.

Aragon, rédacteur principal à la Préfecture de la Seine (17ᵉ mairie).

Arfeux, employé à la Compagnie des Eaux.

Aubé, commis au Mont-de-Piété.

Aubertin, employé au Mont-de-Piété.

Aubin, architecte.

Aufrère, employé à la Préfecture de Police (Matériel).

Avenet, adjoint technique des Travaux de Paris (3ᵉ Section), *Administrateur.*

Axus, expéditionnaire à la Préfecture de la Seine (7ᵉ mairie).

Baillon, garde-magasin à l'Hospice de Bicêtre.

Bailly (Gaston), surveillant à l'Hospice de Brévannes.

Bailly (Manlius), Inspecteur du Service technique de l'Assistance publique.

Bajoue, plombier à l'Assistance publique.

Bajoue (Mᵐᵉ), lingère à l'Hospice de Bicêtre.

Baralle, employé au Mont-de-Piété.

Bardey, commis à l'Octroi de Paris.

Belœil, surveillant-jardinier au Parc de Montsouris, *Administrateur*.

Belot, jardinier de la Ville de Paris.

Beltrando, surveillant des travaux de la Ville de Paris.

Bélud, piéton au Service de l'Assainissement.

Bélujon (M⁻⁻), sténo-dactylographe à l'Assistance Publique.

Benoist (Adolphe), surveillant-chef au Magasin central des Hôpitaux.

Benoît (Jean), facteur au Service du Matériel (Préfecture de la Seine).

Bergeron, gardien de bureau à la Préfecture de la Seine.

Bergougnou, commis à l'Assistance publique (Comptabilité générale).

Bianchetti, expéditionnaire à la Préfecture de la Seine.

Birot, mécanicien à l'Union des Secteurs électriques.

Blancard, employé à la Compagnie des Eaux.

Blanchet, garde-magasin au Service de l'Assainissement.

Blin, électricien.

Blot, imprimeur-lithographe à la Préfecture de la Seine (Service du Matériel).

Boche, sous-caissier comptable à la Préfecture de la Seine (4° Mairie). *Commissaire de Surveillance*.

Bocquenet, mécanicien à l'Hospice de Brévannes.

Bocquet, contrôleur à la Société du Gaz de Paris.

Bocquet (M⁻⁻).

Bohm, garde des promenades (secteur Ouest).

Bonneau-Rosel (M⁻⁻), institutrice.

Bordes, employé à la Compagnie des Eaux.

Boscher, commis à la Préfecture de la Seine (8° Mairie).

Bossange, ajusteur à la Compagnie Générale Parisienne de Tramways.

Bouchaud, employé au Magasin central des Hôpitaux.

Bouché, expéditionnaire à la Préfecture de la Seine.

Boucher, employé à la Compagnie des Eaux.

Boudier (Louis), électricien au secteur Edison.

Boutin (Jules), contrôleur du droit des pauvres.

Boutin (Léonce), sous-chef de bureau à la Préfecture de la Seine (8e Mairie), *Vice-présirdent du Conseil d'administration.*

Bricher, employé au Mont-de-Piété.

Brisse, expéditionnaire à la Préfecture de la Seine (Direction des Finances).

Brossard (Mme), employée au Magasin central des Hôpitaux.

Bruant, cuisinier à l'hospice de Bicêtre.

Brun, commis principal à l'Octroi de Paris.

Brunon, commis principal à la Préfecture de la Seine.

Buchaut, expéditionnaire à la Préfecture de la Seine (Caisse Municipale).

Buisson (Émile), éclusier au canal Saint-Martin.

Buisson (Gustave), électricien, sous-station Saint-Antoine.

Buisson (Joseph), aide-magasinier au Mont-de-Piété, Conseiller municipal de Choisy-le-Roi.

Bulle, commis au Mont-de-Piété.

Burnard, expéditionnaire à la Préfecture de la Seine (8e Mairie).

Cambis, électricien à l'usine des Halles.

Canlao, employé à la Préfecture de la Seine (cabinet du Préfet).

Carion, expéditionnaire à la Préfecture de la Seine (8e Mairie).

Caron, employé à l'Assistance publique.

Chalin, employé au Mont-de-Piété, *Administrateur.*

Chambefort, employé au Magasin central des Hôpitaux.

Chapuis, jardinier à l'Asile de Maison-Blanche.

Charpentier, architecte.

Chatellier, employé à l'Octroi de Paris.

Chaumeil, commis expéditionnaire au Mont-de-Piété.

Chemin, rédacteur principal à la Préfecture de la Seine (Direction du personnel).

Chenet, commis à l'Assistance Publique (Bureau de bienfaisance du VIe arrondissement.

Chevillot, inspecteur à la Préfecture de police.

Chivallé, aide à l'usine de Colombes.

Cléro, employé au Mont-de-Piété.

Colin, gazier à la Société du Gaz de Paris.

Collardot, cantonnier au Service départemental.

Colombani, expéditionnaire à la Préfecture de la Seine (Caisse municipale).

Colonna, commis expéditionnaire à la Préfecture de Police.

Contant, employé au Mont-de-Piété.

Cope, adjoint technique des Travaux de Paris.

Copigneaux, porte-mire au service technique du métropolitain.

Cornède, expéditionnaire à la Préfecture de la Seine.

Cottet, gazier au Laboratoire de l'Éclairage.

Coulon, commis à l'Octroi de Paris.

Couybes, adjoint technique des Travaux de Paris (Usine de pavage en bois).

Cozio, conducteur des Ponts-et-Chaussées (Service départemental).

Crépel, expéditionnaire à la Préfecture de la Seine.

Cunier, employé au Métropolitain.

Daimé, employé aux travaux neufs du Métropolitain.

Damideaux, adjoint technique des Travaux de Paris (Service des travaux sanitaires).

Dareau, cocher aux Ambulances urbaines.

Darquet, employé à la Compagnie des Eaux.

Darthois, infirmier à l'asile de Ville-Évrard.

Darvey, employé à l'Octroi de Paris.

Dautriche, magasinier au Mont-de-Piété.

David, employé à l'Octroi de Paris.

Defresne, architecte.

Delaroche, employé à la Compagnie des Eaux.

Delattre, mécanicien à l'Hospice de Brévannes.

Delmart, chef d'atelier à l'École Diderot.

Delofolie, adjoint technique des travaux de Paris (Usine de pavage en bois).

Demaret, adjoint technique des travaux de Paris (Usine de Colombes), *Commissaire de surveillance.*

Desaix, jardinier de la Ville de Paris.

Desriaux, employé aux Étuves municipales.

Diet architecte.

Dizier, employé à l'Octroi de Paris.

Doré, cantonnier.

Dorveaux, boucher à l'Assistance Publique.

Dossonville (Mlle), institutrice à Paris.

Dreyfus (Mme), institutrice à Paris.

Dubief (Mme).

Dubois, employé au Métropolitain.

Dufond (Mme).

Durand, rédacteur à l'Assistance publique.

Durdan, rédacteur à l'Union des Secteurs, *Administrateur.*

Eprix, électricien.

Étienne (Auguste), magasinier principal au Mont-de-Piété.

Étienne (Eugène), sous-agent au Mont-de-Piété.

Espeleta, employé au Service de l'Approvisionnement des Hôpitaux.

Félix (de), rédacteur à la Préfecture de la Seine.

Ferrasse, contrôleur des mines à l'Inspection des Carrières.

Finck, employé au Mont-de-Piété.

Fisch (Mlle) sténo-dactylographe à l'Assistance publique.

Florance, ingénieur de la 3e section des Travaux de Paris, *Administrateur.*

Foa, employé aux Perceptions municipales.

Fockenberghe, rédacteur à la Préfecture de la Seine.

Forsans, infirmier à la Maison de santé de Ville-Évrard.

Frantz, chauffeur à l'Asile Michelet.

Frédério, agent-voyer de la ville de Pantin, *Administrateur*.

Fromont, porte-mire au Service du Métropolitain.

Froumy, conducteur municipal, Conseiller municipal d'Herblay.

Gallet, employé au Mont-de-Piété.

Garnier (Augustin), piéton à la 3ᵉ Section des Travaux de Paris.

Garnier (Louis), chef de bureau à la Préfecture de la Seine.

Gattefossey, rédacteur principal à l'Assistance publique.

Gauthier (Albert), employé à la Compagnie des Eaux.

Gautier (Édouard), employé au Métropolitain.

Geoffroy, piéton au Service du Métropolitain.

Gérard (Jean), bûcheron au Service des Promenades et Plantations.

Gerards (Emile), conducteur municipal principal, sous-inspecteur des Carrières, *Administrateur*.

Gérards (Eugène), mécanicien au Métropolitain.

Geslin, employé à la Compagnie des Eaux.

Girard, employé au Mont-de-Piété.

Glais (Mˡˡᵉ), institutrice à l'Hospice dépositaire (Assistance publique).

Godefroi, aide-magasinier au Mont-de-Piété.

Gogué, ouvrier plombier au Mont-de-Piété.

Gosset (Charles), employé à la Compagnie des Eaux.

Gosset (Georges), employé à la Compagnie des Eaux.

Gréaume, adjoint technique ay Travaux de Paris.

Grégoire, commis à l'Octroi de Paris.

Greslat, commis à l'Octroi de Paris, *Administrateur*.

Grill, commis expéditionnaire au Contrôle des Tramways.

Grillot, employé à la Compagnie des Eaux.

Grosperrin, ouvrier égoutier.

Guilbault, expéditionnaire à la Préfecture de la Seine (Contrôle Central).

Guillemin, architecte.

Hachard (Mme).

Helmer, employé à la Compagnie des Eaux.

Herrmann, préposé aux Pompes-funèbres (3ᵉ mairie).

Hervouet, chaudronnier à l'usine de Pierrelaye.

Huin, surveillant de travaux.

Hutin, sous chef de bureau à l'Octroi de Paris.

Ignat, préposé aux Perceptions municipales.

Jacquet, cantonnier au Service des Égouts.

Jahler, chef menuisier à l'Hospice de Bicêtre.

Jardy, cantonnier au Service des Égouts.

Jayot, conducteur des Ponts-et-Chaussées.

Jollivet, cantonnier au Service des Irrigations.

Jonquard, adjoint technique principal des Travaux de Paris.

Jonveaux, commis-expéditionnaire à la Préfecture de police.

Jouannet, employé à la Compagnie des Eaux.

Justice, employé au Service des Perceptions municipales.

Juteau, ajusteur-mécanicien au secteur Édison.

Kaehrling, cantonnier au Service des Irrigations.

Kauffmann, expéditionnaire à la Préfecture de la Seine (8ᵉ Mairie).

Kunts (Émile), sous-brigadier à l'Octroi de Paris, *Administrateur suppléant.*

Kunts (Auguste), expéditionnaire à la Préfecture de la Seine (3ᵉ bureau de l'enseignement).

Laballe-Couhat, expéditionnaire à la Préfecture de la Seine.

Lafay, commis comptable au Service d'Architecture du Département.

Lagasnerie (Daniel de), adjoint technique des travaux de Paris.

Lambert, sous-brigadier à l'Octroi de Paris, *Administrateur*.

Langlade, expéditionnaire à la Préfecture de la Seine (9e Mairie).

Larraud, cantonnier (service départemental).

Lasserre, jardinier au Service des Promenades et Plantations (secteur Ouest).

Lassus, employé à la Compagnie des Eaux

Launay, adjoint technique principal des Travaux de Paris.

Lauzat (Mme), sténo-dactylographe à l'Assistance publique.

Leblondet, employé à la Compagnie des Eaux.

Lebreton, typographe à l'Imprimerie municipale.

Leclerc (Eugène), surveillant à la Bourse du travail.

Leclerc (Georges), employé à la Compagnie des Eaux.

Leclère, expéditionnaire à la Préfecture de la Seine.

Lecompte, buandier à l'Assistance publique.

Leffond (Henri), vérificateur de compteurs d'eau,

Leffond (Julien), professeur de gymnastique (direction de l'Enseignement).

Le Fils, sous-brigadier à l'Octroi de Paris.

Legat, gardien de la paix.

Léger, adjoint technique des Travaux de Paris (Service des Concessions).

Legonideo, employé au Mont-de-Piété.

Legros, architecte.

Lenain, contremaître à la Société du Gaz de Paris.

Lepas, aide-magasinier au Mont-de-Piété.

Lepas (Mme).

Lephilipponnat, typographe à l'Imprimerie Municipale.

Léran, employé à la Préfecture de la Seine (8e Mairie).

Leriche, surveillant-jardinier aux Promenades et Plantations.

Lesage, inspecteur à la Préfecture de Police.

Le Soiller, secrétaire de la direction à l'Asile de Ville-Evrard.

Lesieur, commis au Mont-de-Piété.

Létoile, employé au Mont-de-Piété.

Letourneur, expéditionnaire à la Préfecture de la Seine (14e mairie).

Lévy, chef de bureau au Service vicinal du Département.

Liovent, employé à l'Assistance publique (Clinique Tarnier).

Longuet, architecte.

Lorette, infirmier à l'Hospice de Brévannes.

Louis, employé.

Lourdelet, employé au Mont-de-Piété.

Louvard, rédacteur principal à la Préfecture de la Seine.

Lucchini, gardien de bureau à la Préfecture de la Seine (8e Mairie).

Mainguy, architecte-vérificateur des Travaux du Département.

Mangin, chef d'atelier à l'École Diderot.

Manois, adjoint technique des Travaux de Paris.

Marchadier, rédacteur principal à la Préfecture de la Seine (2e Mairie).

Marguerite, employé au Mont-de-Piété.

Marthe, ouvrier au Service des Eaux et de l'Assainissement.

Martin-Agapit (Mme), institutrice.

Martinière (Eugène), surveillant de travaux de la Ville de Paris.

Martinière (Louis), adjoint technique des Travaux de Paris.

Mauduit (Mlle).

Mayeux, surveillant à l'hôpital de la Charité.

Mellot, électricien.

Ménard, sous-brigadier à l'Octroi de Paris.

Meunier, commis à l'Octroi de Paris.

Meyer, conducteur des Ponts et Chaussées.

Meyer (Mlle), directrice d'école communale à Paris.

Mignan père, inspecteur à la Compagnie des Eaux.

Mignan (Mme).

Mignan fils, dessinateur à la Compagnie des Eaux.

Migayrou, surveillant à la Salpétrière.

Migayrou (Mme), surveillante à la Salpétrière.

Miller, adjoint technique des Travaux de Paris, régisseur au Service municipal d'Architecture.

Mol (Mlle de), institutrice.

Monier, architecte.

Monsalier, fort aux Halles centrales.

Morin (Fernand), architecte-vérificateur (8e Section).

Morin (Jean), adjoint technique des Travaux de Paris (Service du Métropolitain).

Mougenot, commis à l'Octroi de Paris.

Moullérat, commis-principal à la Compagnie des Eaux, *Administrateur*.

Moullerat (Mlle), sténo-dactylographe.

Muret (Mme veuve), infirmière à la Clinique Tarnier.

Musset, expéditionnnaire à la Préfecture de la Seine.

Navlet, agent technique principal des Travaux de Paris, *Administrateur suppléant.*

Noël (Louis), expéditionnaire à la Préfecture de la Seine (Affaires municipales).

Normant, aide-essayeur au bureau de la garantie de la Ville de Paris.

Oculi, employé à la Compagnie des eaux.

Olive, architecte.

Oudin, chef cantonnier à l'usine de Colombes.

Ouzaneau, commis à l'Assistance publique.

Page, typographe à l'Imprimerie municipale, *Administrateur.*

Panis, employé à l'Assistance publique.

Paoletti, employé au Mont-de-Piété.

Paquet, employé à la Compagnie des Eaux.

Pasquier, directeur de l'Association ouvrière « l'Union des Ouvriers serruriers ».

Pellisson, adjoint technique des Travaux de Paris (Inspection des carrières).

Pénard, chef de bureau à la Préfecture de la Seine (Direction du Personnel).

Perlin, employé au Mont-de-Piété.

Pérotin, employé au Mont-de-Piété, *Administrateur*.

Perrin, employé à l'Octroi de Paris.

Petit, coupeur au Magasin Central des Hôpitaux.

Pichard, gazier au Service municipal de l'Éclairage.

Pileyre, peseur à l'Usine de Colombes.

Pinson, aide à l'usine de Colombes.

Piolé, commis principal à la Préfecture de la Seine (Direction d'Architecture), *Secrétaire du Conseil d'administration*.

Plard, typographe à l'Imprimerie municipale.

Plicque, employé à la Compagnie du Métropolitain.

Poirier (Mme), employée au Magasin central des Hôpitaux.

Poncet, commis au Mont-de-Piété.

Potier, sous-chef de bureau à la Préfecture de la Seine.

Poudroux, receveur à l'Octroi de Paris.

Prégermain, conducteur des Ponts et Chaussées au Service du Métropolitain.

Provost (Mme), employée au Magasin central des Hôpitaux.

Puissant, expéditionnaire à la Préfecture de la Seine.

Quéval, chef cordonnier à l'Hospice de Bicêtre.

Raubert, électricien à l'usine des Halles.

Reine, employé à la Compagnie du Métropolitain.

Remy, employé à l'Asile de la Maison-Blanche.

Renard, cimentier au parc de Montsouris.

Rigaut, expéditionnaire à la Préfecture de la Seine.

Rigollot, commis comptable au Service d'Architecture du département.

Rihet, rédacteur à la Préfecture de la Seine.

Robin (Émile), préposé comptable au Service des Pompes funèbres.

Robin (Joseph), électricien.

Roche, adjoint technique principal des Travaux de Paris (Service des Eaux et de l'Assainissement).

Rodier, conducteur du service de la voie publique.

Rondeau (Aristide), chauffeur à l'Usine de Colombes.

Rondon, commis principal à la Préfecture de la Seine (Secrétariat du Conseil général), *Administrateur.*

Rossi, employé à la Compagnie des Eaux.

Roullier, employé.

Rouquié, ouvrier au Service des Carrières.

Roy, adjoint technique des Travaux de Paris.

Royer, agent de service au Gymnase municipal, rue d'Allemagne.

Rumeau, employé à la Compagnie des Eaux.

Salmon, rédacteur principal à la Préfecture de la Seine.

Schœnmuller, employé à l'Octroi de Paris.

Sibille, conducteur municipal.

Sinjon, piéton au Service de la Distribution des Eaux.

Souchet, contrôleur à la Société du Gaz de Paris.

Tailleux, chauffeur à l'Usine de Colombes.

Tardivon adjoint technique des Travaux de Paris.

Tarrin (Auguste), chef de bureau à la Préfecture de la Seine (Secrétariat du Conseil général), *Président du Conseil d'administration.*

Tarrin (Gaston).

Tarrin (René), employé de commerce.

Thomas, cantonnier au service des Eaux et de l'Assainissement.

Tournois, surveillant à la Bourse du Travail.

Tourte, porte-mire au service du Métropolitain.

Treillé, employé au Mont-de-Piété.

Triboulet, expéditionnaire à la Préfecture de la Seine.

Trouble, employé au Magasin central des Hôpitaux.

Truel (Mlle), institutrice.

Turin (Albert), architecte à la Préfecture de Police.

Turin (André), ingénieur de l'Assistance Publique.

Turin (Maurice), architecte.

Vaconsin, instituteur.

Valette, sous-brigadier à l'Octroi de Paris.

Valleran, maçon à l'Usine de Colombes.

Vaquette, employé à l'Octroi de Paris.

Vasseur, expéditionnaire à la Préfecture de la Seine (Direction des Finances).

Vassivière, expéditionnaire à la Préfecture de la Seine (14e Mairie).

Verrier, employé au Mont-de-Piété.

Vicaire, rédacteur principal à la Préfecture de la Seine (Direction du Personnel).

Vigneron, typographe à l'Imprimerie municipale.

Villedieu, sous-chef de bureau à la Préfecture de la Seine (Secrétariat du Conseil Général).

Vincencini, employé à la Préfecture de Police.

Walter, employé à la Compagnie des Eaux.

Weber, piéton au Service municipal d'architecture.

Wehlen (Mme), institutrice.

Wehrlé, employé au Mont-de-Piété.

Wiart, rédacteur principal à la Préfecture de la Seine (Direction d'Architecture).

Zutterling, commis technique du Service des Travaux.

IMPRIMERIE CHAIX, RUE BERGÈRE, 20, PARIS. — 5016-2-12.